U0581580

中华文化风采录

历来古景风采

壮丽的城楼

陈 璞 编著

北方妇女儿童出版社
·长春·

图书在版编目(CIP)数据

壮丽的城楼 / 陈璞编著. — 长春 ： 北方妇女儿童出版社，2017.1（2022.8重印）

（历来古景风采）

ISBN 978-7-5585-0664-2

Ⅰ．①壮… Ⅱ．①陈… Ⅲ．①古建筑－介绍－中国 Ⅳ．①K928.71

中国版本图书馆CIP数据核字(2016)第311445号

壮丽的城楼

ZHUANGLI DE CHENGLOU

出 版 人	师晓晖	
责任编辑	吴　桐	
开　　本	700mm×1000mm　1/16	
印　　张	6	
字　　数	85千字	
版　　次	2017年1月第1版	
印　　次	2022年8月第3次印刷	
印　　刷	永清县晔盛亚胶印有限公司	
出　　版	北方妇女儿童出版社	
发　　行	北方妇女儿童出版社	
地　　址	长春市福祉大路5788号	
电　　话	总编办：0431-81629600	
定　　价	36.00元	

习近平总书记说："提高国家文化软实力，要努力展示中华文化独特魅力。在5000多年文明发展进程中，中华民族创造了博大精深的灿烂文化，要使中华民族最基本的文化基因与当代文化相适应、与现代社会相协调，以人们喜闻乐见、具有广泛参与性的方式推广开来，把跨越时空、超越国度、富有永恒魅力、具有当代价值的文化精神弘扬起来，把继承传统优秀文化又弘扬时代精神、立足本国又面向世界的当代中国文化创新成果传播出去。"

为此，党和政府十分重视优秀的先进的文化建设，特别是随着经济的腾飞，提出了中华文化伟大复兴的号召。当然，要实现中华文化伟大复兴，首先要站在传统文化前沿，薪火相传，一脉相承，弘扬和发展5000多年来优秀的、光明的、先进的、科学的、文明的和自豪的文化，融合古今中外一切文化精华，构建具有中国特色的现代民族文化，向世界和未来展示中华民族具有独特魅力的文化风采。

中华文化就是中华民族及其祖先所创造的、为中华民族世世代代所继承发展的、具有鲜明民族特色而内涵博大精深的优良传统文化，历史十分悠久，流传非常广泛，在世界上拥有巨大的影响力，是世界上唯一绵延不绝而从没中断的古老文化，并始终充满了生机与活力。

浩浩历史长河，熊熊文明薪火，中华文化源远流长，滚滚黄河、滔滔长江是最直接的源头，这两大文化浪涛经过千百年冲刷洗礼和不断交流、融合以及沉淀，最终形成了求同存异、兼收并蓄的辉煌灿烂的中华文明。

中华文化曾是东方文化的摇篮，也是推动整个世界始终发展的动力。早在500年前，中华文化催生了欧洲文艺复兴运动和地理大发现。在200年前，中华文化推动了欧洲启蒙运动和现代思想。中国四大发明先后传到西方，对于促进西方工业社会形成和发展曾起到了重要作用。中国文化最具博大性和包容性，所以世界各国都已经掀起中国文化热。

中华文化的力量，已经深深熔铸到我们的生命力、创造力和凝聚力中，是我们民族的基因。中华民族的精神，也已深深根植于绵延数千年的优秀文化传统之中，是我们的精神家园。但是，当我们为中华文化而自豪时，也要正视其在近代衰微的历史。相对于5000年的灿烂文化来说，这仅仅是短暂的低潮，是喷薄前的力量积聚。

中国文化博大精深，是中华各族人民5000多年来创造、传承下来的物质文明和精神文明的总和，其内容包罗万象，浩若星汉，具有很强的文化纵深感，蕴含丰富的宝藏。传承和弘扬优秀民族文化传统，保护民族文化遗产，已经受到社会各界重视。这不但对中华民族复兴大业具有深远意义，而且对人类文化多样性保护也是重要贡献。

特别是我国经过伟大的改革开放，已经开始崛起与复兴。但文化是立国之根，大国崛起最终体现在文化的繁荣发展上。特别是当今我国走大国和平崛起之路的过程，必然也是我国文化实现伟大复兴的过程。随着中国文化的软实力增强，能够有力加快我们融入世界的步伐，推动我们为人类进步做出更大贡献。

为此，在有关部门和专家指导下，我们搜集、整理了大量古今资料和最新研究成果，特别编撰了本套图书。主要包括传统建筑艺术、千秋圣殿奇观、历来古景风采、古老历史遗产、昔日瑰宝工艺、绝美自然风景、丰富民俗文化、美好生活品质、国粹书画魅力、浩瀚经典宝库等，充分显示了中华民族厚重的文化底蕴和强大的民族凝聚力，具有极强的系统性、广博性和规模性。

本套图书全景展现，包罗万象；故事讲述，语言通俗；图文并茂，形象直观；古风古雅，格调温馨，具有很强的可读性、欣赏性和知识性，能够让广大读者全面触摸和感受中国文化的内涵与魅力，增强民族自尊心和文化自豪感，并能很好地继承和弘扬中国文化，创造未来中国特色的先进民族文化，引领中华民族走向伟大复兴，在未来世界的舞台上，在中华复兴的绚丽之梦里，展现出龙飞凤舞的独特魅力。

承天之门——天安门城楼

以德取胜——德胜门城楼

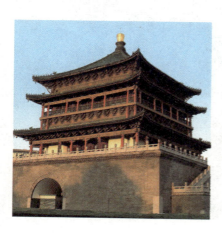

声闻于天——西安钟鼓楼

明鼓清碑——南京钟鼓楼

天安门位于北京城的中心，故宫的南端，是明清两代皇城的正门，也是封建帝王权力的象征。

天安门始建于明朝，原名"承天门"，清朝时更名"天安门"。明清时期，天安门是皇城的正门，城门五阙，重楼九楹，取"九五"之数，象征着皇帝的尊严。

天安门城楼气势宏大，庄重威严，是我国传统建筑艺术的代表作，它以杰出的建筑成就和特殊的政治地位为世人所瞩目。

承天之门

天安门城楼

明朝初年始建承天门

002

壮丽的城楼

古代北京，历来被风水学家称为"山环水抱必有气"的理想都城。其西部的西山为太行山脉；北部的军都山为燕山山脉；南口为兵家要地。两座山脉在北京的南口会合，形成向东南方展开的半圆形大山湾，环抱着北京平原。

北京平原的地势由西北向东南微倾。桑干河和洋河等相继在此汇合成为永定河。所以，北京在地理格局上是"东临辽碣，西依太行，

天安门城楼夜景

■ 天安门城楼

北连朔漠，背扼军都，南控中原"，特别有利于社会经济的发展和战略的控制。

北京，在唐代时为幽州，金代时为中都城，元代改为大都，明、清两代称北京。

在我国数千年的文明发展史上，先后有燕、前燕、大燕、辽、金、元、明和清8个朝代以北京为都城。各朝在北京大兴土木，建造了各具特色的古建筑，但最早对建筑天安门有间接影响的是元朝。

1260年，元世祖忽必烈即汗位于开平府，就是后来的内蒙古正蓝旗东部。1264年，元世祖诏令以燕京作为中都，旧址就是后来的北京城西南部的莲花池以东一带。

1272年他又改中都为元大都，并从1267年开始兴建元大都，历时18年之久，直至1285年才全部建成。

元大都当时的整体布局呈长方形，南墙位置在后来北京长安街南侧，北墙位置在后来的德胜门和安定

元大都 简称"大都"，为元朝国都。其城址位于现在的北京，北至元大都土城遗址，南至长安街，东西至二环路。元大都奠立了后来北京城的雏形，是当时世界最大的都市之一。元大都遗存建筑有白塔寺、白云观、国子监、孔庙和建国门司天台等。

■ 天安门远景

门以北的北三环路附近，那里后来遗存有断断续续的、被称为"土城子"的土丘，就是元大都当时最早的北城墙。

元大都从里至外分别是宫城、皇城和大城。大城周长60华里，有11个门。南面三门：正中为丽正门，就是后来的正阳门、东为文明门，西为顺承门；东面自南而北是齐化门、崇仁门和光熙门；西边自南而北依次是平则门、和义门和肃清门；北面只有两座城门，东为安贞门，西为德胜门。

元大都皇城的南门叫灵星门，在后来的午门一带。灵星门与丽正门之间，曾有一个"T"形的半封闭式宫廷广场，后来明清两代的宫廷广场就基本沿用其旧址，并在中间建造了天安门。元大都城墙四隅均有角楼，城外设有墩台，城内宫殿在前，坊市在后，50个街坊星罗棋布。

当时，有一位名叫马可·波罗的意大利著名旅行家来到我国，看到"大汗之城"元大都富丽堂皇的宫

墩台 指在我国冷兵器的古代，为了加强城门的防御能力，许多城市设有两道以上的城门，形成"瓮城"，城墙每隔一定的距离就突出矩形墩台，以利防守者从侧面攻击来袭敌人，这种墩台称为敌台的城防设施，因外观狭长如马面俗称为"马面"。

殿和景色优美的花圃后，大为赞叹道：

城是如此美丽，布置如此巧妙，我们竟是不能描写她了。

他后来写的《马可·波罗游记》，因有大都城的记述，而使这座古城得以传播，名扬世界。那时候，元朝虽未建造天安门，但它另择新址的建筑格局以及元故宫和宫廷广场的定位，却使后来的明朝始建承天门具有了可行性。

1368年，明太祖朱元璋在南京称帝，建立了明朝。同时，明朝大将徐达统率军队攻克元大都，更名为北平。当时，明朝统治者对元大都故宫尽行拆除，以消除前王朝的"王气"。

后来，明太祖朱元璋的四子、燕王朱棣登上了皇帝的宝座，并于1403年正月将北平改称北京，暂称

徐达（1332～1385），我国明代开国军事统帅。他从南略定远，取和州，渡江、攻城拔寨，皆为军锋之冠，后为大将，统兵征战。后为左相国，拜大将军。洪武初累官中书右丞相，封魏国公，追封中山王。

■ 天安门侧景图

工部侍郎 我国古代官职名，明代正三品，清代从二品。工部为管理全国工程事务的机关，凡全国之土木、水利工程，机器制造工程，矿冶、纺织等官办工业无不综理，并主管一部分金融货币和统一度量衡。工部置尚书一人，总管本部政务，下有左右侍郎，为尚书之副。

■ 紫禁城围墙

"行在"，就是皇帝在外时的行都。

明成祖朱棣就位后的第一件大事，就是决定把首都从南京迁到他的"龙兴之地"北京。

据史料记载，明成祖朱棣之所以要迁都北京，主要是由于北京"左环沧海，右拥太行，南襟河济，北枕居庸"，"关口不下百十"，"会通漕运便利，天津又通海运"的优越地理位置。此外，为了控制北方和东北地区，以维护全国的安定。

1406年，明成祖朱棣分遣大臣赴各地督民采木，烧造砖瓦，并征发各地工匠、军士和民工，开始了营造北京的筹备工程。1417年，大规模营建北京的工程正式开始，当时，有个叫蒯祥的工匠，同大批能工巧匠一起被明朝选入京师。

蒯祥是江苏苏州府吴县香山人，他生于明洪武年间，父亲是当时很有名望的一位工匠。蒯祥深受父

亲的影响，30多岁就"能主大营缮"，是位造诣很高的木匠了。由于他技艺超群，在营造中充分发挥出建筑技艺和设计才能，很受督工、建筑师蔡信等人的重用。

在北京宫殿的营建中，先后涌现出许多著名的工匠。除工于设计的督工蔡信、瓦工出身而官至工部侍郎的杨青外，还有与蒯祥同时代的著名雕刻石匠陆祥等。

在宫殿初建阶段，蔡、杨二人起了很大作用，但他们当时都年事已高，而蒯祥正值年轻力壮，又工于计算和绘画，在蔡信、杨青去世后，大量的皇家工程便都由蒯祥主持。

蒯祥不仅木工技术纯熟，还有很高的艺术天赋和审美意识。据记载，蒯祥能以双手握笔同时画龙，合二为一，一模一样，技艺炉火纯青。

营建宫殿楼阁时，他只略加计算，便画出设计图来，待工程完毕后，建筑与设计图大小尺寸分毫不差，就连当时的皇帝也很敬重他。

在建筑北京的过程中，蒯祥在用料、施工等方面都精心筹划，营造的榫卯骨架都结合得十分准确、牢固。同时，他还将江南的建筑艺术巧妙地运用上去，如采用苏州彩画，琉璃金砖，使殿堂楼阁显得富丽堂皇。

1420年，皇宫才落成，蒯祥便因功被提升为了工部营缮所丞。

明代北京城是在元大都城基础上，吸取历代都城规划的优点，又参照南京规制营建而成。"凡庙社、郊祀、坛场、宫殿、门阙，规制悉如南京。"

实际上，北京新建的宫殿比南京的更加壮丽。它外城包着内城南面，内城裹着皇城，皇城又包着紫禁城，全城呈现一"凸"字形。

北京内城基本上取元大都旧址，明初北墙向南移五里，至今德胜门、安定门一线，后又将南城墙向前推移到后来的正阳门一线。

内城有九门，正南为正阳门，就是元代的丽正门；在内城中央，共有六门：东有东安，西为西安，北为北安，广场南则为大明门，承天门左为长安左门，右为长安右门。

北京宫城又称紫禁城，是北京城的核心，共有四门：南为午门，北为玄武门，东为东华门，西为西华门。由于南城墙向南拓展，皇城

紫禁城建筑

■ 紫禁城太和殿

与紫禁城也依次南移，皇城南移到后来的长安街北侧。

皇城的中门，根据明南京城的名称改称承天门，就是后来的天安门，在承天门内仿照南京城布局建造端门。

明代宫城南移到后来的北京故宫的位置，正门由元代的灵星门改称午门，在营建紫禁城的同时，又利用午门前方的中心御道左右两侧，按"左祖右社"规制建造了太庙和社稷坛两组严格对称的建筑群。

此外，在承天门前开辟一个"T"字形的宫廷广场，广场东、西、南都修筑了宫墙，使广场封闭起来，并在东、西两翼和南端凸出的一面，各开一门，即长安左门、长安右门和正南方的大明门，就是后来清朝改称的大清门。

承天门属皇城中的重要建筑，建造时完全模仿南京的承天门，是紫禁城的正门，也是北京最早的天安

门阙 我国古代的塔楼状建筑，置于道路两旁作为城市、宫殿、坛庙、关隘、官署、陵墓等入口的标志。外观大体分为阙座、阙身与阙檐三部分。阙身依数量有单出、双出与三出，形体多带有较大收分。阙檐有一、二、三层之别。檐下多以斜撑或斗拱支承，又是重点装饰所在。

北京紫禁城——故宫

门。它在1420年建成时的形状与后来的天安门大致相仿，但其规模较小，只是一个黄瓦飞檐的三层楼式的五座木牌坊，朱漆金钉，光彩夺目。

承天门城楼的牌坊正中高悬"承天之门"木质匾额，寓有"承天启运"和"受命于天"之意，喻示封建皇帝是"受命于天"的，替天行使权力，理应万世为尊。

阅读链接

相传，明太祖朱元璋创建明朝以后，为了国防安全，也曾考虑日后迁都北京。于是，他诏命明代著名开国谋士刘伯温去北京规划紫禁城。

据说，刘伯温当时也一时没想好，于是便与手下人四处看风水。有一天，忽然间，一个身穿红裤红袄的小男孩跑过，一眨眼就不见了。刘伯温觉得那个小孩很像哪吒，他的形象几乎跟后来所建北京城一致。

刘伯温突然醒悟：上天启示，要把北京城造成八臂哪吒的模样。但事实上，还未来得及动工，他便去世了。直至明成祖朱棣即位后，紫禁城才开始了大规模的修建。

中轴线上的皇城正门

明代的北京城由一条长达8千米的中轴线纵贯南北。外城南面正中的永定门是中轴线的起点，终点在皇城北门外的钟、鼓楼。

全城最宏大的建筑和空间都安排在这条轴线上，其他各建筑物也都依这条轴线作有机的布置和配合，且左右对称，整个设计和布局形成一个完整和谐、前所未有的巨大建筑群。

"无以壮丽，尤以重威。"作为皇城正门的承天门就坐落在这条

■ 天安门内的紫禁城

■ 厚重的宫门

三朝五门 所谓
"五门"，一般
认为就是皋门、
雉门、库门、应
门、路门五门。
三朝的称谓随
时代而变迁。
具体位置及名称
因朝代不同而有
所区别。如清朝
的三朝五门中的
三朝，对应三殿，
包括太和殿、中
和殿和保和殿。五
门是指大清门、
天安门、端门、午
门和太和门。

中轴线的中段上。从中轴线上宫城与皇城的建筑布局，可以看出承天门所具有的重要地位。这一切的设计布局，以及由此构成的宏伟建筑和空间，烘托出封建帝王至高无上的威严。

承天门虽是皇城的正门，但它与紫禁城的建筑是融为一体的。为了增加紫禁城前肃穆、庄严的气氛，设计者将紫禁城与正阳门的距离拉长了1.5千米之遥，在其间兴建了大明门、承天门和端门等建筑，一方面给紫禁城增加了意境的序幕，更主要的是为了符合《礼记》所载的三朝五门之制。

从高耸的正阳门进大明门后，开始步入帝王的统治中心，建筑物的节奏也随之有了变化。但见漫长、幽深的中心御路纵长伸远至森严、神秘的内宫，御路两旁通脊联檐的千步廊及两侧文东武西对称排列着的五府六部等中央官署，构成了一个错落有致的空间，使人目不斜视地直往承天门遥望。

金水桥前，宽阔的"T"字形广场给人以豁然开朗的感觉。朱红城台的背景前，五座精美的汉白玉石桥与金水桥两岸的栏墙，远远望去仿佛绕着一片白云，承托着宏伟壮丽的皇城正门承天门。

承天门往北距端门之间仅140米，两旁工整一致的平排朝房，在承天门、端门两个高大建筑的衬托下相形见绌；东有陶左门，西有阙右门，按照"左祖右社"的规制，在承天门东侧建有祭祀祖先的太庙建筑群，西侧有一组祭祀土地、五谷神的社稷坛建筑群。

午门以内，骤然出现一个广阔的庭院，前面横亘着内金水河，它与太和门、太和殿、中和殿、保和殿的群体建筑，构成了一个庞大而宏伟的宫廷建筑群。

由此可见，承天门是中轴线上的第一重门。而中

朝房 我国古代的建筑。御路两侧东西相向、用于古代官吏上朝前休息的房子，如紫禁城中午门广场两旁的房子就是朝房。朝房也指清代帝王陵墓的建筑配置之一，东西各一座，各五间。东朝房是在祭祀时做面点的场所，西朝房是烧制奶茶的场所。

■ 紫禁城角楼

轴线上这一有收敛、有放纵、有高昂、有低回的精美设计，体现了艺术上抑扬顿挫的韵律，灵活地表现出起伏错落、平中出奇的建筑格局。

据史料《明宫城图》记载：明代初建的承天门黄瓦、朱柱，上为面阔五间的门楼，下为开有五孔的城台，外有金水桥五座对应，两侧分列石狮和华表。

在承天门城楼前，有一条河流经过。这条河曾因形似玉带，有人称它"玉带河"，或"玉河"，又因其位于元朝皇宫处，俗称"御河"。

后来因这条河的源头是从西边而来，来自京西宛平县玉泉山，流至义和门南水门入京城。所以元代按照古代阴阳五行学说西方属于金的说法，称之为"金水河"。

金水河分为内金水河和外金水河。流经紫荆城内太和殿门前的是内金水河，流经承天门前的金水河为外金水河。

明代以后，金水河的主要作用是保障宫廷用水和防护城垣，即所谓"金城汤池，深沟高垒"。在这一

■ 紫荆城金水河

■紫禁城角楼

时期，皇宫扑灭的几次大的火灾，都得益于金水河的水。

外金水河全长500米，河宽18米，河深约5米，河北岸边沿距天安门墙基32米。两岸均由巨型石条砌成，岸上筑有矮墙。

碧波荡漾的河水，映照着天安门城楼，格外美丽灿烂。后来，金水河仅有承天门前的一段，已成为承天门的装饰，而且大部分改为了暗河。

在永乐年间，明朝以元朝皇城的周桥为蓝本，建造了内、外金水桥。内金水桥位于紫禁城内太和门前广场内金水河上，系五座并列单孔拱券式汉白玉石桥；横亘在承天门前外金水河上的，五座并列的三孔拱券式汉白玉石桥为外金水桥。

五座外金水桥造型别致、雕刻精美的石制外金水桥分别与天安门城楼5个门洞相对应。桥南距城楼门洞62米，桥与桥之间距离5米。

桥稍有坡度，中间出现拱面，而且桥身中间窄，两端宽，呈"][" 型。这种变化多姿、起伏曲折的线条，似彩虹飞渡，更增添了承天门的华丽。桥面略拱，桥身如虹，有一种绮丽的曲线美。

■ 紫禁城太和门

五府六部 五府为五军都督府，即中、左、右、前、后五军都督府，也叫五军府，分领在京的除亲军外的各卫所和在外的各督司，只管军籍和军政，不能直接统率军队；六部指吏部、户部、礼部、兵部、刑部和工部，六部各设尚书一人，直接对皇帝负责，尚书下有左右侍郎、郎中和主事等。

据史料记载，以上五座桥创建于同一时期，而其左右的公生桥，则是后来由于明英宗正统初期创建了左右公生门而得名，左右公生门是在明朝承天门宫廷广场皇城墙长安街一线的两座坐南朝北的皇城小门，且不在皇城城门之数，为明朝五府六部进出皇城的"总门"，但无匾额。

在外金水河两岸，各有一对浑重威武、高2.2米的大石狮。这4个狮子雕刻精巧，敦实勇猛，神灵活现，栩栩如生，它们自明朝永乐年间就蹲守在承天门前了。两对石狮雌雄东西成对，相互呼应。

东为雄狮，它右爪抬起，在玩弄绣球，俗称"狮子滚绣球"，象征帝王寰球一统的威严统治，其权力统一环宇；西为雌狮，它左爪抬起，在戏弄幼狮，象征子嗣昌盛，繁衍绵延之意。

两对石狮的头都歪向内侧，以示其保护中路。东边的雄狮头略向东歪，而眼睛却向西看，西边的雌狮头略向西歪，而眼睛却向东注视，它们都双目圆睁，全神贯注地紧盯着承天门前正中间的御道，仿佛表明它们也是皇帝的忠实卫士。

狮子的雕刻很有特点：广阔的前额，卷曲的鬃毛，撅起的鼻子，张开的大嘴，健壮的筋骨，圆阔的肌肉，加上身上披挂的璎珞彩带和铃铛，显得既威武勇猛却又和善柔顺。其雕工精美，造型逼真，活灵活现，栩栩如生，是我国石狮中的精品。

在承天门前后，各矗立有一对汉白玉浑圆精美的雕龙柱子，名叫"华表"，又称"望柱"，始建于明代永乐年间，每对华表间距为96米，每根华表由承露盘、柱身和须弥座柱础组成，通高为9.57米，其直径为0.98米，重约2万千克。

华表是中华民族的传统建筑物，有着悠久的历史。相传华表既有道路标志的作用，又有过路行人留言的作用，在尧舜时代就出现了，当时称"诽谤木"。尧时的诽谤木以横木交于柱头，指示大路的方向，

天安门华表

并用以王者"纳谏"。

承天门前的华表仍然保持了尧时诽谤木的基本形状。可见，华表不单纯是一个建筑物的装饰品，而且还是提醒古代帝王勤政为民的标志。在我国封建社会，华表为帝王增添了气魄和尊严，是封建帝王权力的象征。

华表柱头上的部分叫"承露盘"。相传，汉武帝刘彻曾命人在神明台上立一铜铸的仙人，双手举过头顶，托着一个铜盘，承接天上的甘露，以为喝了甘露便可长生不老。

后来，这种形式便流传下来，并且取消了仙人，简化为柱子上面放一只圆盘。盘上有一蹲兽，名"望天"，古时一般都称叫它"犼"。

传说，"犼"是一种形似犬的瑞兽，喜好张望，根据所望方位不同，表达的意义也不相同。承天门前面的一对石犼，犼头朝向南方，意思是盼望皇帝不要久出不归，故而称为"望君归"。

承天门后面的一对华表上面的石犼，犼头朝向北方，望着紫禁城，意思是希望皇帝不要久居深宫不知人间疾苦，应该经常出宫体察民情，所以称

汉武帝（前156~前87），即刘彻，汉朝第七位皇帝，杰出的政治家、战略家。他在位54年，开疆拓土，击溃匈奴、东并朝鲜、南诛百越、西越葱岭，征服大宛，奠定了中华疆域版图。汉武盛世是我国历史上有名的三大盛世之一。

■ 天安门华表

为"望君出"。

华表的柱身呈八角形，一条巨龙盘旋而上，龙身外布满云纹，汉白玉的石柱在蓝天白云的衬托下真有巨龙凌空飞腾的气势。柱身上方横插一块云板，上面雕满祥云。

华表的基座为八角形汉白玉须弥座，四面雕刻着云龙图案。在华表基座外有一圈石栏杆，外面四周环绕白石雕花，栏杆的四角石柱头上各雕有一只憨态可掬的小石狮子，它们头朝的方向与承露盘上的石犼一致。栏杆不但对华表起到了很好的保护作用，还将华表烘托得更加高耸、秀丽、庄严肃穆。

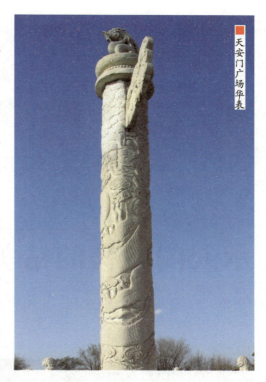

天安门广场华表

阅读链接

周桥的设计师和主持建造者，是元朝一位普通石匠河北曲阳的杨琼。曲阳盛产玉石，石雕技艺唐宋以来已闻名于世。杨琼出身于石工世家，他的石雕"每出自新意，天巧层出，人莫能及焉"。

1276年，修建元皇城崇天门前的周桥，很多人画了图送上去，都未选中，而杨琼的设计方案，使元世祖忽必烈十分满意，下令督建。

《故宫遗录》中记有：这周桥"皆琢龙凤祥云，明莹如玉，桥下有四白石龙，擎戴水中，甚壮"，为皇城增色不少，因而明皇城的建造者，把它照样搬来，用以营造金水桥了。

承天门城楼的精美装饰

北京故宫建筑

　　古代皇宫建筑对做工与装饰都特别讲究，其装饰艺术中布局的大小规格、严谨程度直接影响着整个建筑象征性的表达。

　　作为皇宫正门的承天门，屋顶上熠熠生辉的琉璃瓦、龙吻和栩栩如生的仙人走兽，大殿内外的斗拱、梁枋与和玺彩绘以及城门与门钉的使用，自然是皇权和封建等级制度的象征性体现。

　　在承天门城楼大殿的屋顶上，覆盖着上千块金黄色

的琉璃瓦。这些古朴的琉璃构件，在阳光的照射下，流光溢彩，散射出耀眼的光辉，使这座建筑愈显得美丽华贵，气势非凡。

琉璃建筑构件的出现，最早的史籍记载见于北齐时魏收撰写的《魏书》，书中的《西域传》中记载：

世祖时，其国人商贩京师，自云能铸石为五色琉璃，于是采矿山中，于京师铸之。既成，光泽乃美于西方来者。乃诏为行殿，容百余人。

可见，从那时起，琉璃就以它华美的色泽和良好的防水性能与建筑结下了不解之缘。琉璃的色彩种类很多，有黄、绿、青、蓝、黑、白和翡翠等十几种。

元朝宫殿大量使用的是绿色琉璃。但到了明朝，对于什么样的建筑使用什么样的色彩则有了说词。

《魏书》北齐魏收撰，是一本纪传体史书，内容记载了公元4世纪末至6世纪中叶北魏王朝的历史。共124卷，其中本纪12卷，列传92卷，志20卷。因有些本纪、列传和志篇幅过长，又分为上、下，或上、中、下3卷，实共130卷。

■ 北京故宫中式建筑

《唐会要》是我国最早的一部断代典制体史籍，100卷，北宋宰相王溥撰，它取材于唐代的实录文案，分门别类地具体记述了唐代各项典章制度的沿革变迁，始称《新编唐会要》，后简称《唐会要》。

明朝以后，黄色多用于皇宫和重要的庙宇处，绿色多用于宫廷内的一般殿宇、城门庙宇和王公府第等处，黑色常见于庙宇和王公府第，蓝色预示无穷，只用于与隆重祭祀有关的建筑，如天坛祈年殿。

在承天门城楼屋顶正脊的两端，有一对翘首华丽的琉璃装饰物，古代称为龙吻，因在正脊上，又称之为大吻或正吻。

龙吻高3米多，宽2米多，重约4吨，由13块琉璃构件组成，俗称"十三拼"。承天门共有正脊一条，垂脊8条，在正脊与垂脊上共有10个龙吻，故又有"九脊封十龙"的说法。

龙吻表面饰龙纹鳞甲，四爪腾空，龙首怒目，张口吞住正脊，脊上插有一柄宝剑。在古代建筑中，龙吻不但是一种重要的装饰物，而且由于它衔接了殿顶正脊与垂脊之间的重要关节，起到了使殿顶更加封闭、牢固和防止雨水渗入的作用。

古代建筑正脊两端的龙吻，过去又称为'鸱吻"。它的演变过程大体为，由鸱尾到鸱吻至龙吻。唐代以鸱吻为主，明代以后才由龙吻取代了鸱吻。据《唐会要》所记载：

> 汉柏梁殿灾，越巫言，海中有鱼，虬
> 尾似鸱，激浪即降雨。遂作其象于屋，以
> 厌火祥。

鸱尾的形状呈月形，有点像鱼的尾巴，又有点像鸟，人们当时把它装饰在屋顶上，有"辟火"镇灾之意。

明朝承天门的龙吻嘴张得很大，可以吞住正脊的盖脊瓦、正脊筒和群色条三部分，而后来的清代龙吻嘴张得较小，仅能吞住盖脊瓦和正脊筒，群色条在龙

■ 天安门城楼的和玺彩绘

天安门节日之夜

嘴的下唇以下了。

在承天门正脊上的龙吻，其颈背上还插有一把宝剑，并露出伞形剑柄。它起装饰龙吻，增加其华丽气势的作用。除正脊上的龙吻外，两坡垂脊上也各有一龙吻，亦称垂脊吻，其体形略小，呈前趋势，起封护两坡瓦垄和装饰垂脊的双重作用。

在我国古代宫殿的建筑中，屋脊的装饰是极其重要的一部分。承天门除了正脊、垂脊上的龙吻外，在8条垂脊上还有72个栩栩如生的仙人走兽。每条垂脊最前面的是一个骑着似凤非凤、似鸡非鸡的仙人领路，称之为"骑鸡仙人"。

仙人之后依次是龙、凤、狮子、天马、海马、狻猊、押鱼、獬豸和斗牛9个形态各异的走兽。它们俨然一副昂首摆尾、欲上九天揽月的神态。

9个走兽各有各的含义。龙为万物之首，凤为百鸟之王，龙、凤是吉祥富贵的象征，取其吉利之义；狮子乃兽中之王，狻猊传说为能食虎豹的猛兽，亦是威武百兽率从之意；天马、海马在古代是尊贵的象征，寓意皇家的威德可通天入海；押鱼是海中异兽，能兴风作浪，传说是防火、灭火能手；獬豸外形似龙又有尾，似狮却生角，性情忠直，善于分辨曲直，含主持公道之意；斗牛是身披鳞甲又有龙的神态且外形似牛的一种异兽，能消灾灭祸。

关于这些走兽的含义人们说法不一，但总体上不外乎镇灾除恶、逢凶化吉，体现着皇家殿宇的威严和吉祥富贵。

仙人走兽和龙吻一样，不单纯是檐脊上的装饰物，还是檐脊上不可缺少的组成部分。"骑鸡仙人"的作用是固定垂脊下端的第一块瓦件，其他走兽的功能是遮住两坡瓦垄交汇点上的三连砖上口，保证雨水不从三连砖处渗入。由于它们的存在，完美地起到了密封、防漏和加固的作用。

在明朝殿宇的等级不同，走兽数目也有着严格的等级区别。按古建筑这些形制，一般多采用三、五、七、九奇数，最高为9个，不包括仙人，如承天门、端门、乾清宫等，但太和殿却破例在9个走兽后边又加上一个名为"行什"的走兽，达到10个，为宫殿走兽中最多的一例，充分体现出该建筑的不同凡响。

殿宇降级，走兽数目也随之减少，一般皇帝居

行什 我国古建筑的岔脊上，共装饰有10个小兽，其中最后一个就是行什，是一种带翅膀猴面孔的人像，手持有降魔功效的金刚宝杵，是压尾兽。因排行第十，故名"行什"。古代建筑上的脊兽，可见的行什仅在太和殿上，象征着消灾灭祸，逢凶化吉，还含有剪除邪恶、主持公道之意。

■ 天安门城楼秋景

住和处理政务的地方为9个，皇后寝宫坤宁宫为7个，嫔妃居所东西六宫为5个，有的甚至是1个。减掉的走兽是减后不减前，而且要成奇数。另外，走兽的尺寸、颜色视殿宇等级也有明显区别。

■ 建筑上的彩绘

壮丽的城楼

柱网 单层房、多层房中，承重结构柱子在平面排列时形成的网格称为柱网。柱网的尺寸由柱距和跨度确定。所以建筑柱网的确定主要就是确定跨度和柱距。

找头 是指檩端至枋心的中间部位，由找头本身、皮条线、盒子、箍头等部分组成。如檩枋较长，找头部分可延长，皮条线沿边用双线，加箍头和盒子等。

在承天门大殿翘边翘角的飞檐下，是令人眼花缭乱而又排列有序的斗拱和梁枋。斗拱为我国传统木构架体系建筑中所独有，是由外形方木、弓形横木组成的具有翘、昂、拱特点的木制构件。

斗拱在西周、战国时代就已出现，唐宋时，只是起到加强建筑结构的整体作用，明时，则成为柱网和屋架间的主要装饰。

色彩艳丽、上下叠落、层层咬合的斗拱，是柱与屋顶的过渡部分，不但能使屋檐上翘和向外伸展，而且起到了承受屋顶重量并分散到柱身上的作用。斗拱自唐代发展成熟后便规定民间不得使用。

梁枋又分为额枋和檐枋。承天门屋檐斗拱下面是额枋，上边绘有华丽的彩画和金龙图案；大殿柱顶部位，柱子之间相互联系的构件叫檐枋，绘有龙凤和玺图案。一般较长梁枋构件的彩画分为5段，两端部分称箍头，其内侧为找头，中间称为枋心。

和玺彩绘是我国古典建筑中一种特有的装饰艺术，也是彩绘形式中最为高级、最为尊贵的彩画作。

主要用于宫殿、坛庙等大型建筑物的主殿。

梁枋上的各个部位主要线条全部沥粉贴金，金线一侧衬白粉或加晕，用青、绿、红三种底色衬托金色，看起来非常华贵。和玺彩绘分为"金龙和玺""龙凤和玺"和"龙草和玺"三种。

承天门大殿环廊采用的是金龙和玺图案。整组图案以各种姿态的龙为主要内容，枋心是二龙戏珠，找头中青地为升龙，就是龙头向上，绿地画的是降龙，就是龙头向下，盒子中间为坐龙，并衬以云气、火焰等图案，具有强烈的神威气氛。

在大殿厅堂纵横交错的梁枋上绘的是龙凤和玺彩绘。枋心是双龙或是双凤，找头、盒子等部位青地画龙，绿地画凤。"龙凤和玺"含有"龙凤呈祥"和"双凤昭富"之意。屋顶上的天花藻井画的是团龙图案。整个大殿在龙凤和玺彩绘的衬托下，富丽堂皇，金碧生辉。

承天门的5个城门洞中，各有两扇朱漆大门，门上布有"纵横各九"的鎏金铜钉。在城门上施用门钉之举，最早出现于隋唐时期。

最初是出于构造的需要，在木板和穿带部位，钉上铁钉以防止门板松散。但由于铁钉钉帽露在门表面有碍观瞻，为美观起见，人们将钉帽打造成泡头形状，兼有了装饰功能。

对于使用门钉的数量，明代以后，有了等级上的讲究："宫殿门

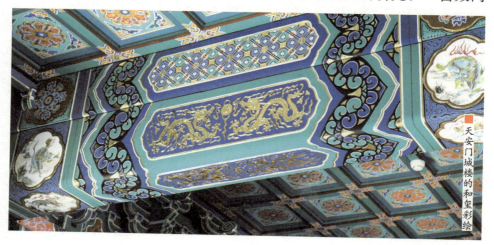

天安门城楼的和玺彩绘

庑皆崇基，上覆黄琉璃，门设金钉。""坛庙圜丘外内垣门四，皆朱扉金钉，纵横各九"。

门钉要纵、横各九路，因为九是阳数之极，"九重"为帝王之居，只有皇帝的皇宫及城门正门才能享有"纵横各九"的规格，以下按品级门钉数量呈单数递减。

一般亲王府邸的大门上门钉纵九横七；世子府邸门钉纵七横五；公爵门钉纵横各七，侯爵以下至男爵纵横各五，不过，他们各自的大门上只能为铁制门钉，不能采用铜制门钉。承天门乃皇城正门，当然门钉也属最高级别。

阅读链接

在承天门正脊上的龙吻，其颈背上插有一把宝剑。据说，这是因为怕龙吻擅离职守逃回大海，所以把它死死地锁在屋脊上，使其不能腾飞。

明代以前，虽有龙吻但多不插剑把。明清两代龙吻上的剑柄在外形上也有区别，明代剑柄外形为宝剑剑柄，剑柄的上部微微向龙头方向弯曲，顶部以五朵祥云装饰；

清代剑柄外形也是剑柄，但上部是直的，没有向龙头方向弯曲，顶端雕饰的图案是鱼鳞装饰。天安门龙吻上的剑柄属清代形制。

清朝扩建并更名为天安门

明末时，宏伟壮观的承天门毁于兵火，上半部荡然无存，只剩下光秃秃的5个门洞。1644年，清朝定都北京后，立即着手对紫禁城宫室进行了修复。当时，虽然也有一些增建的宫殿，但数量不多。

清朝的皇城、宫城大多承袭明代旧制，经过几次大规模的修缮后，古都北京的城郭和城门基本上恢复了原貌。

■皇宫建筑

■ 天安门前汉白玉石栏杆

壮丽的城楼

清世祖（1638～1661），即顺治帝，本名爱新觉罗·福临。清朝入关后的第一位皇帝。他6岁时登基，14岁亲政。他亲政后，整顿吏治，重视农业，提倡节约，减免苛税，广开言路，网罗人才，迁都北京，为巩固清王朝统治做出了巨大贡献。

当时，由于进京不久，清朝统治者特别注重"安"与"和"的策略，以求得清朝统治的"长治久安"。于是，清朝除采用其他措施外，还在城门的名称上大做文章。

清朝首先将紫禁城内的"皇极殿""中极殿""建极殿"分别改名为"太和殿""中和殿""保和殿"，以取内宫平稳之意。还有皇城的"地安门""东安门""西安门"3个门，都突出了一个"安"字，以示内和外安。

1651年，清世祖爱新觉罗·福临下令在承天门原废墟上进行了大规模改建，按明时承天门原貌重修城楼，将"承天门"之名更改成了"天安门"，但天安门上悬挂的木质匾额是"天安之门"，以取"受命于天，安邦治国"之意。

这样，"天安门"既涵盖了"承天启运"的命名意旨，又纳入了"安邦治国""国泰民安"的思想。

1688年，康熙皇帝下令大规模修缮与扩建天安门，基本保持了顺治时改建的形制。在天安门城楼基座周围增建了汉白玉栏杆、栏板，雕刻了莲花宝瓶等图案。

在康熙年间，除重建天安门城楼外，还修缮和扩建了金水桥以及天安门宫廷广场等。

天安门前的七座桥在建制、装饰和使用对象上各有不同，一直有着森严的等级制度。位于七座桥最中间、最突出的一座桥的桥面最为宽阔宏大，长23.15米，宽8.55米，白石栏杆柱头上雕刻着蟠龙望柱，下衬云板，为皇帝一人专用，称为"御路桥"。

御路桥两旁，白石栏杆上雕有荷花柱头的桥叫"王公桥"，桥面宽5.78米，只许宗室亲王们通行；王公桥外侧的两座桥较窄，宽4.55米，叫"品级桥"，只许三品以上的文武大臣通过。

康熙皇帝（1654~1722），即爱新觉罗·玄烨，是清朝定都北京后的第二位皇帝，年号"康熙"，是我国历史上最成功的帝王之一，也是在位时间最长的皇帝。是我国统一多民族国家的捍卫者，奠下了清朝兴盛的根基，开创出了康乾盛世的大局面。此外，他还组织编辑了《康熙字典》。

■ 太和殿

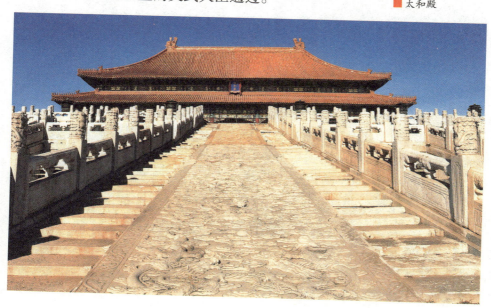

在金水桥中，最靠边的两座桥比品级桥还窄，只是普通浮雕石桥，叫"公生桥"。

一座在太庙，即现在的劳动人民文化宫门前；一座在社稷坛，即现在的中山公园门前，供四品以下官员、兵弁和夫役过往使用。

在清朝时期，北京皇城和宫城最大的变化是1754年扩建了天安门前宫廷广场。据《国朝宫史·宫殿一》记载：

> 天安门外……东为长安左门，西为长安右门，重建于1754年，至1760年竣工，又增筑长安左门外围墙一百五十五丈，长安右门外围墙一百六十七丈五尺一寸。各设三座门。

■ 故宫全景

■ 故宫金銮殿龙椅

这说明，当时的天安门广场，在长安街左、右门外又分别加筑了一道围墙，从而将门外的街道也括入了天安门前广场之内。

北京皇宫在顺治、康熙两朝虽尚属恢复阶段，但其宏伟壮丽与精美绝伦在世界上已堪称一流。在当时，广场东侧大部分沿用明朝旧制，仍为各部所在，当时叫户部街。

为了封建统治的需要，清朝在户部街外侧增设了掌制诰、史册、文翰之事的翰林院，负责对外通商和交涉事物的总理各国事务衙门及太医院等。

在天安门广场的西侧，清朝采用八旗兵制，不再建立五军都督府，并把原来的街道改称前府胡同、右府胡同、左府胡同、中府胡同和后府胡同等。还在明锦衣卫旧址建立了刑部，称这条街为刑部街，后来，在刑部街上又增设了都察院和大理寺等审案判刑的机

翰林院 是我国历史上曾经长期存在的一个带有浓厚学术色彩的官署。尽管它的地位在不同朝代有所波动，但性质却没有太大变化，直至伴随着传统时代的结束而寿终正寝。在院任职与曾经任职者，被称为翰林官，简称翰林，是封建社会中层次最高的士人群体。

关，又称司法部街。

另外，在长安左门、长安右门有分别通往五府六部的总门两座，叫做"公生门"，文武官员由此进出宫廷俱奏。

乾隆年间，清朝在公生门两边加筑围墙，东西折向北转接皇城墙，又在新加围墙东西端各辟一门，门三阙，分别称东三座门、西三座门。后来，公生门和东、西三座门及内里的五府六部陆续拆除。

在清朝末年，天安门遭到严重破坏。后来，荒凉破败的天安门城楼历经它历史上最大两次大规模的修缮，由原来的通高33.87米变成了34.7米。整个天安门古建筑群，从天安门到外金水桥至天安门广场，全部建筑焕然一新，呈现出一派勃勃生机。

在天安门城楼大殿内，在10根红色廊柱中间，悬挂上了8个红色的大宫灯。每个宫灯高2.23米，周长8.05米，直径2.25米，重达80千克，简直硕大无比，每一盏灯至少3个大人才能环抱过来，在当年堪称有史以来最大的宫灯。

天安门城楼的中厅悬挂了一幅高2.6米、宽5.8米的《江山永泰》图。该图以奇特的构思、浓烈的笔墨和粗犷的线条，勾勒出一幅巍峨

雪中建筑美景

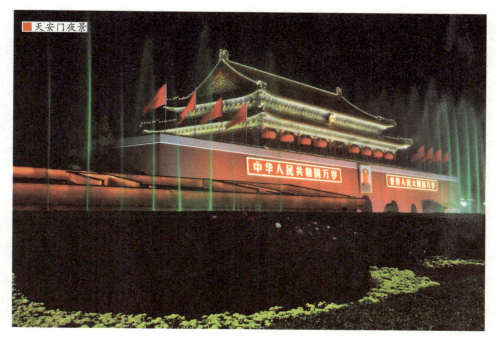
天安门夜景

雄浑的泰山图。画家借泰山讴歌和谐盛世。

在天安门城楼东西两侧，各有7个红色的观礼台，观礼台前东西各筑有花坛。在天安门城楼的前方近处是两座大观礼台，每座长95米，宽12米，各有6个小区。观礼台呈北高南低倾斜式，内有梯形台阶，总容量为2万多人。

阅读链接

据史料记载，在清初期，清朝摘下了"承天之门"匾额，挂上了刻有满、汉、蒙三种文字的"天安之门"匾额。

此后，"天安之门"匾额上的三种文字又被改成了满、汉两种文字，而且，"之"字被去掉了，"天安门"3字为汉字楷书，其字体也相应扩大，几乎增大了一倍。

后来，匾额上的字体又几经变化，再后来，其木匾再未更换过，只是匾额上的满文被除掉，只剩下了汉字书写的"天安门"3字。

历史上天安门的显赫地位

天安门一直是明清两代王朝身份和皇权的象征，当时的天安门对于庶民百姓来说，简直就是拒人千里之外的禁区，哪怕是探头一看，也是"私窥宫门"的重罪。

明清两代时，天安门是皇帝颁布最为重要的诏令，也称"金凤颁诏"的地方。如皇帝登基、册封皇后等重大国家庆典活动，皇帝都要在天安门举行"金凤颁诏"仪式。据清代史书《国朝宫史续编》记载：

天安门前的金水桥

国家大庆覃恩，宣诏书于门楼上，由垛口正中承以朵云，设金凤衔而下焉。

■ 故宫内部陈设

就是说，皇帝发布的重大命令，就是书面的诏书，要在天安门上进行一套隆重繁琐的仪式，才能向全国各地颁发。这表明天安门在封建统治者心目中具有显赫的政治地位。

在进行颁诏仪式时，工部要预先在天安门正中垛口备有黄案的宣诏台，并准备好"金凤朵云"，就是漆成金黄色的木雕凤凰和雕成云朵状的木盘。

奉诏官和宣诏员，就是捧接诏书和宣读诏书的官员等人衣冠楚楚，早已恭候在那里。

诏书宣读之前，放在太和殿黄案上，皇帝盖上御玺后，经过一套繁琐的礼仪，由礼部尚书用云盘承接诏书，捧出太和殿，暂放到午门外的龙亭里，然后在鼓乐仪仗的引导下抬到天安门城楼上，再将诏书放在宣诏台的黄案上。

宣诏官登台面西而立，宣读诏书。这时，只见天安门下金水桥南，文武百官和吉老按官位序列依次面北而行三跪九拜大礼。

宣诏官读完诏书，由奉诏官把诏书卷起，衔放在

《日下旧闻考》一本有关北京的史志书，全书名《钦定日下旧闻考》，160卷，清朝大臣英廉等奉敕编撰。本书参阅古籍近2000种，收集保存了大量自清顺治至乾隆4朝时期，中央机关及顺天府、宫室、苑囿、寺庙、园林、山水和古迹诸方面的建置、沿革及现状的原始资料，具有很高的历史和学术价值。

■ 太和殿龙椅

壮丽的城楼

进士 我国古代的科举制度，通过最后一级考试者，称为进士，是古代科举殿试及第者之称。隋炀帝大业年间始置进士科目。唐亦设此科，凡应试者谓之举进士，中试者皆称进士。元、明、清时，贡士经殿试后，及第者皆赐出身，称"进士"。且分为三甲：一甲3人，赐进士及第；二、三甲，分别赐进士出身、同进士出身。

木雕的金凤嘴里，再用彩绳悬吊"金凤"从天安门垛口正中徐徐放下。城楼下早有礼部官员双手捧着"朵云"等在那里，这样，"金凤"嘴中的诏书也就落在"云盘"中了，此举称为"云盘接诏"。

礼部官员接诏后，诏书仍要放回天安门前的龙亭内，然后由黄色伞盖、仪仗和鼓乐为前导，浩浩荡荡抬出大清门，送往礼部衙门。

这时，礼部尚书早已从长安左门快步回到礼部衙署门前跪迎诏书，之后还将诏书恭放在大堂内，行三跪九叩礼。随后，用黄纸誊写若干份，分送各地，颁告天下。

天安门还是"金殿传胪"的地方。明清时代，盛行科举制度。科举有"乡试、会试、殿试"三种。殿试又称御试、廷试，是由皇帝亲自主持在太和殿前进行的属国家最高一级的国家考试，是封建统治者选拔人才和笼络知识分子，维护其统治的一种手段。

明初"殿试"，曾在承天门南金水桥畔设案考试，后移至太和殿。清朝在保和殿。这种考试每3年进行一次，时间一般在春季农历三月。

明清时期的科举考试十分严格，进京应考的举人首先要集中在大清门内东侧千步廊朝房，经礼部会试，考中后为贡士，又称为"中式进士"。只有取得贡士资格才能进宫参加殿试。

殿试由皇帝亲自出题，考卷的成绩，由阅卷大臣打分，获得前10名的考卷，皇帝还要亲自过目，考中的被赐予进士。列第一甲第一名者称为"状元"，列第一甲第二名叫"榜眼"，列第一甲第三名的是"探花"。

殿试两天后，皇帝召见了新考中的进士。考取的进士身着公服，头戴三枝九叶冠，恭立天安门前听候传呼，然后与王公百官一起进太和殿分列左右，肃立恭听宣读考取进士的姓名、名次。这就是"金殿传胪"。"胪"有陈列的意思，"传胪"就是依次唱名传呼，进殿晋见皇帝。

考中的进士被皇帝召见后，礼部官员捧着"钦定"的写有进士姓名、名次的"黄榜"，先放到午门前的龙亭里，再由鼓乐仪仗前导，

皇宫军机处

■ 庄重肃穆的天安门

状元 指我国古代科举考试中，殿试考取第一名的人。殿试由皇帝或中央政府指定的负责人主持，用同一套试题，在同一地点开考，然后经统一阅卷、排名，并经最高当局认可的进士科考试的第一名。其中，第二名为榜眼，第三名为探花。此制度始建于隋唐时期。

抬出天安门，出长安左门，张挂在临时搭起的龙棚里，就是后来的南池子南口迤西红墙处，由名列榜前的新科状元率诸进士看榜。

3天后，"黄榜"收回内阁封存。而后，顺天府尹，就是北京的地方官给新中状元、榜眼和探花者插金花，披上大红彩绸，用仪仗接到城北顺天府衙门里饮宴，以谢皇恩。完毕，状元授翰林院修撰，榜眼、探花授翰林院编修。

醉心于仕途的士子们，一旦"黄榜"题名，便身价百倍，因此当时人们把中进士比作"鲤鱼跳龙门"，把天安门前的长安左门称作"龙门"。

明清时期，除了在天安门举行"金凤颁诏""金殿传胪"等活动外，皇帝每年还要到天坛、地坛祭天祭地，皇帝御驾亲征和大将出征要在天安门前祭路祭旗，出征凯旋"献俘""受俘"，遇有皇帝登基、大婚等重大庆典，也都要启用天安门，以显帝国威风。

天安门地位至尊，即使皇帝出入也是有限的，嫔妃夫役更是绝对禁止出入天安门的。但也有例外，就是皇帝大婚时，新婚皇后可以由天安门抬进后宫。

　　皇帝大婚可不是小事，也有一套繁琐的程序。要先派使者到女家行聘礼，再迎新皇后，由大清门入天安门进后宫。这是封建等级制度的体现。这种帝王独尊的现象，甚至连皇帝的父母能否从天安门通过都会引起争议。

　　明嘉靖年间，明世宗朱厚熜母亲要去太庙祭祖先，在从何门进入的问题上，礼部的官员们就此引起了一场争论。最初决定由东安门进入，但当时的礼部尚书张璁直言劝说众臣：

　　　　"即使是贵为天子，也是有母亲的，怎么能让皇帝的母亲从旁门过去呢？"

　　最后，礼部官员们议定，改由大清门入天安门去太庙。天安门是进喜不进丧的地方，就连皇帝以及皇帝父母的灵枢都不能从天安门出入。

　　明代时，"廷仗"和"献俘"的地方，均在天安门的后边，午门的前面。但清朝一般不再用"廷杖"

天坛　在故宫东南方，占地273公顷，比故宫大4倍，是明清两朝帝王冬至日时祭皇天上帝和正月上辛日行祈谷礼的地方。天坛建筑布局呈"回"字形结构，由两道坛墙分成内坛、外坛两大部分。最南的围墙呈方形，象征地，最北的围墙呈半圆形，象征天，北高南低，这既表示天高地低，又表示"天圆地方"。

■ 故宫太庙

的刑罚。

"廷杖"是对朝中的官吏实行的一种惩罚。那时,皇帝倡导文武百官以至平民百姓上书"进谏"。但是,如果冒犯了皇帝的尊严,龙颜大怒,就要在午门前罚跪、打棍子,这叫做"廷杖"。

"献俘"始于清朝。凯旋的军队将士为显示战果,要在午门前举行"献俘礼"。仪式前一天,兵部官员牵引着战俘,自长安右门入内,押至太庙、社稷坛祭祀。此举被称为"献俘"。

次日,皇帝登午门楼受俘。门楼正中设御座,檐下张黄盖。各种仪仗、法驾、卤簿陈设在阙门左右,御辇、仗马、护朝宝象、大乐排列停当。

当日清晨,众王公大臣,身穿朝服云集午门前,俘虏们此刻也被押至此地。身穿衮龙服的皇帝在鼓乐声起、山呼"万岁"声中,至午门城楼御位上降旨,对俘虏进行发落,若恩赦不株,则宣旨释俘,众战俘叩头谢恩。此景称为"受俘"。

乾隆皇帝还曾于1755年御制《午门受俘》诗一首,十分形象地描述了当时受俘礼乾隆皇帝的惬意心情和期望皇朝永固的思想。

阅读链接

据说,1844年,清道光皇帝亲御太和殿召见新科状元等人,不料这天传胪唱名时,获得这一年第一甲第一名的武进士徐开业与第一甲第三名的武进士梅万清没按时到班,他们说因天安门阙门未开误了点卯。

但事有凑巧,与他们同住一区的第一甲第二名秦钟英等人却均由天安门阙门入宫。所以,徐、梅二人理由欠妥。按大清律典,延误到班要被斥革。

后来,因皇上发恻隐之心,念二人系草茅新进之人,保全了二人的武进士头衔,允许再参加下一届的会试。这一年的新科状元就由秦钟英替补。

德胜门城楼

德胜门位于北京城北垣西侧，是北京内城9座城门之一，原名"健德门"。它是明清时京师通往塞北的重要门户，可能是出兵征战之门，素有"军门"之称，人们寄语于"德胜"两字，取"以德取胜"之意。

德胜门始建于元朝，重建于1437年，已有500多年的历史。由城楼、箭楼、闸楼、瓮城、真武庙和护城河等建筑组成，为明清两代时的群体军事防御建筑。

明朝初年始建德胜门城楼

1368年8月，明朝大将军徐达率10万大军攻破了元朝的大都城，就是后来的北京。

为纪念明军"以德取胜"，徐达在元大都"健德门"的废墟上，重建了一座门洞，更名为"德胜门"，也叫"得胜门"，取"武将疆场奏绩，得胜回朝凯旋"之意，以彰军功之著。后来，"德胜门"也

雄伟高耸的德胜门

■ 德胜门古炮台

称"修门"，有"品德高尚"之意。

为防备元军反扑，守城明军在大都北城墙南面五
里处又建一道土城墙，与原大都城东西城垣相接，作
为防止元军反扑的第二道防线。

1371年，明朝废大都北垣，将南面新城垣加固，
并于东西两侧各开一城门，东侧门叫"安定门"，西
侧门仍叫"德胜门"，两城门遥相对望。与其他三垣
城门多有象征意义不同，北垣的"德胜门"和"安定
门"都实实在在地担负着京城防御的重任。

明朝时，德胜门不仅是皇都北城的西门，更是通
往塞北的重要门户，素有"军门"之称。因德胜门在
皇城北垣，北方属于玄武，而玄武主刀兵，所以，
凡有重要战事，北京城用兵必走德胜门，寓意此次军
队出征必然得胜。战争结束后，军队由安定门班师。
凯旋之师从德胜门入城。

有史料记载，明成祖朱棣5次发兵征剿元军残

玄武 古时指由龟
和蛇组合成的一
种灵物。玄武的
本意就是玄冥，
武、冥古音是相
通的。玄，是黑
的意思；冥，就
是阴的意思。起
初，玄冥是形容龟
卜：龟背是黑色
的，龟卜就是请
龟到冥间去问祖
先，将答案带回
来，以卜兆的形
式显给世人。因
此，最早的玄武
就是乌龟。

■ 德胜门侧景

壮丽的城楼

尚书 古代官名。战国时称"掌书"，齐、秦均置。秦属少府，秩六百石，为低级官员，在殿中主发布文书。秦及汉初与尚冠、尚衣、尚食、尚浴、尚席，称"六尚"。武帝时，选拔尚书、侍中组成"中朝"或称内朝，成为实际上的中央决策机关，因系近臣，地位渐高。

部，后来的清代康熙皇帝几次出兵平定噶尔丹叛乱和大小和卓之乱以及乾隆皇帝出征平定新疆、青海和四川等土司头人叛乱都是从德胜门出兵，每次出征前，大军都要在德胜门举行盛大的出征仪式。

在明朝永乐年间，明成祖朱棣诏令改建元大都，并迁都北京。就是这次改建，北京皇城内的9门格局被确定下来。

这九座城门，各有各的用途：皇帝专门喝玉泉山的泉水，给皇帝运水的水车，从西直门出入；给宫廷运煤的煤车出入于阜成门；正阳门出入皇帝祭祀天地的车辇；朝阳门走粮车；东直门通柴车；崇文门进酒车；宣武门出刑车；安定门出战车。出兵打仗得胜还朝时，要进德胜门。

1436年10月，明英宗朱祁镇为加强北京都城防务，诏令太监阮安、都督同知沈清和少保工部尚书吴中，率军数万人加固北京城四面围墙，改土筑为砖石结构，并重建9门，该工程直至1439年4月才竣工。

在当时，北京四面的城墙以安定门和德胜门一线最为坚固，其墙基和顶部比其他三面城墙都厚，内外侧墙体的包砖也厚得多。不久，历史上著名的"北京保卫战"，就发生在德胜门。

在明英宗正统年间，北部蒙古草原上的瓦剌部首领脱欢统一了蒙古诸部。脱欢死后，其子也先做了瓦剌部首领，继续扩充实力，准备南犯明朝。

1449年7月，瓦剌军分兵四路南下，也先亲率兵士攻打大同，明朝北部边陲烽火绵延。当时，明英宗在宦官王振的鼓动下"御驾亲征"，并由王振监军。

明英宗一行到达大同后，得到了先头部队战败的消息，于是王振下令明军撤退至宣化，并绕路回京。明军终于在土木堡与瓦剌军相遇。

明英宗被瓦剌军俘获，王振死于乱军中。瓦剌军因得到了明英宗这张王牌，就企图用他要挟明朝作为攻城略地的政治工具。

土木堡惨败的消息传到北京，举朝震动，甚至有人主张迁都南逃。但当时，兵部侍郎于谦由于坚决反对南迁，得到了皇太后的支持，他被任命为兵部尚书，负责保卫北京。

针对当时的危急局面，于谦等人首先拥立了朱祁钰即位，他就是明景帝；同时，诛除宦党，平息民愤，初步稳定了政局。

此外，于谦提拔了一些优秀的军事将领，注意日

也先 （1407～1454）我国明朝中叶蒙古瓦剌部领袖，在他统治期间瓦剌达到极盛。他向东发展，征服了女真，降伏朝鲜，并以明朝拒绝贸易之名进攻明朝，1449年在土木堡之变一战中，打败明军，俘虏了明英宗并包围北京城，后围攻不成，退回蒙古，并释回明英宗。后被部下暗杀。

明景帝（1428～1457），即明代宗，本名朱祁钰，明朝第七位皇帝，明英宗朱祁镇弟，明英宗被蒙古瓦剌军俘去之后继位，他重用于谦等人组织北京城保卫战，打退了瓦剌的入侵。即位后整顿吏制，使吏治为之一新。

■ 修缮后的德胜门

壮丽的城楼

■ 德胜门旧景

于谦（1398~1457），他自幼聪颖过人，青年时就写下了著名诗篇《石灰吟》，他为官清正廉明，兴利除弊，刚正不阿。在土木堡之变后，擢兵部尚书。力排南迁之议，击退瓦剌兵，迫也先遣使议和，使明英宗得归，官至少保。他著有《于忠肃集》。

夜操练军队，迅速地提高战斗力，并着力调兵遣将，赶造武器，布置兵力，严把9门，准备与瓦剌军决战于北京城下。北京周围很快就形成了一个依城为营，以战为守，内外夹击的作战格局。

也先挟明英宗要挟明朝廷的阴谋未能得逞，便于当年10月率大军进犯北京。10月11日，瓦剌军抵北京城下，列阵西直门外，把英宗放置在德胜门外空房内。

于谦派兵迎击瓦剌军于彰义门，打败也先部队先锋，夺回被俘者1000多人。同时，于谦又派人率兵夜袭，以疲惫敌军。

13日，瓦剌军乘风雨大作，进攻德胜门。于谦命大将石亨在城外民房内埋伏好军队，然后派遣小股骑兵佯败诱敌。也先率主力先锋进入埋伏圈后，明军前后夹击，瓦剌军受到重大打击。

也先的弟弟孛罗、号称"铁颈元帅"的平章卯那孩等将领也在这次战役中中炮身死。在德胜门外与敌人激战七天七夜，于谦终于大获全胜。

当也先发觉明军主力在德胜门后，随后又转战至西直门进攻明军，但也被明军击退。瓦剌军不甘失败，又在彰义门组织进攻，明军佯装失利，瓦剌军追到土城，被潜伏在民居内的明军火枪手阻击，死伤无数，无法推进，加上天寒地冻，京师外围守军奋力抵抗。到11月8日，也先一路狂逃，退出塞外，并遣使进贡，来北京议和。至此，明军取得了北京保卫战的全面胜利。

北京保卫战的胜利，不仅加强了北京京师部队的战斗力，组成了一支战斗力较强的机动兵力，而且使瓦剌军从此不敢窥视京师；同时，还促进了边防建设，收复了许多要塞和重镇，使明王朝的统治得到了进一步的巩固与加强，而德胜门的箭楼在这次战争中发挥了军事上的重要作用。

在北京保卫战之前，德胜门经大规模的重建后，已经成为了一个由城楼、箭楼、瓮城、护城河和石桥等建筑构成的体系完整的群体军事防御建筑，它也因此奠定了后来德胜门的规模。

德胜门城楼面阔五间，通宽31.5米；进深三间，通进深16.8米；砖石结构的城台高12.5米，墙体有收分，东西宽约39.5米。城台北面筑有雉堞，俗称"垛口"。城台两侧有4门大炮。城楼连同城

■ 德胜门鼓楼

台通高36米。

一般而言，北京内城的9门都有城楼和箭楼。箭楼下都有门洞和城门，但德胜门箭楼是北京箭楼中唯一没有门洞和城门的箭楼，它实际上是一座内木外砖的高层建筑。

德胜门箭楼在城楼前沿，坐南朝北，雄居于高大的城台上，灰筒瓦绿剪边，九檩歇山转角、重檐起脊，屋面盖青色布瓦，镶绿色琉璃剪边。

平面呈"凸"字形，前楼后厦合为一体，三座过梁式门朝南开，箭楼北侧为正楼，面阔7间、东西宽34米、南北宽12米。

箭楼正楼后接庑座五间，四檩单坡顶。外檐用五彩单翘单昂斗拱。大木、装修和楼板等都用松木制作，角梁和斗拱用柏木制作。

下架柱木、板门等髹饰红土油，上檐枋额、角梁和斗拱等绘青绿雅伍墨彩画，所有大木梁柱都采用缠箍包镶。南侧庑座5间，东西宽25米，南北宽7.6米，进深19.6米，楼高19.3米。

德胜门箭楼

箭楼的楼身上下分隔成四层。每层横架都施用承重梁六缝，每层的四周檐柱之间，都用粗巨的枋额串联起来，构成三道围箍的全框架结构，具有较好的刚度和整体性。

整个木骨架外面用两米多厚的砖墙围护起来，封护得十分严密，每层都辟有箭窗，共设箭窗82个，其中北

侧48个，东西两侧各17个，供弓弩手瞭望、射箭和藏身。

在德胜门箭楼的南面，有一座规模更大的城门楼。城门楼和箭楼之间用城墙连起来，围出来一个宽70米、深118米的瓮城，其规模在内城各城门中仅次于正阳门。瓮城东侧墙上开一个券顶的大门，门上建闸楼。

城楼、箭楼和瓮城共同组成完整、严密、坚固的防御体系。敌人要想攻破城门，必须得先经过箭楼和瓮城两道防线，否则，就会被"瓮中捉鳖"。

阅读链接

古代由于科技落后，武器低端，且防御武器多以弓箭为主，所以城门作为皇城出入的唯一通道，城门内的箭楼常常是当时苦心经营的防御重点。

皇城最里面的正门，就是正楼，它与箭楼之间通常用围墙连接成瓮城，是屯兵的地方。在瓮城中，有通向城头的马道多处，缓上无台阶，便于战马上下。

城墙四角都有突出城外的角台。除个别角落为圆形外，其他都是方形。角台上修有较敌台更为高大的角楼，更加突出了箭楼在战争中的重要地位。

德胜门瓮城真武庙与护城河

　　明代在德胜门箭楼瓮城的北边正中，曾建造了一座纯正的道家庙宇，名叫"真武庙"。这座庙有些与众不同，其他城楼的庙宇都是建在城楼的两侧，而这座真武庙却是建在德胜门箭楼底下的正中间。

　　"真武"又称"真武帝"，原本是道教所奉的神，而且他曾经在众神里的身份却极为一般。相传，唐高祖李渊和唐太宗李世民，为了

德胜门夜景

表示他们当时建立的王朝是符合天意的，就把太上老君李耳奉祀为他们李氏的祖先，说太上老君是他们一家的始祖。

到了宋朝，宋太祖赵匡胤曾经附会说，他们赵家的始祖是真武大帝，因为真武帝姓赵，叫赵宣朗，而宋王朝也姓赵。

■ 德胜门真武庙景物

所以，宋真宗赵恒后来也仿效唐代时李渊和李世民父子俩奉祀太上老君的做法，诏封真武帝为"真武灵应真君"，并开始全力推崇真武帝，从此，真武大帝的身份一下子就高了起来。

元朝时，元成宗孛儿只斤·铁穆耳又加封真武帝为"光圣仁威玄天上帝"。真武帝从此一跃而成为北方身份地位最高的天神了。

到了明朝时，明成祖朱棣也曾一度抬高真武帝，以借其美化自己。明成祖做皇帝之前是燕王，他是以"清君侧"的名义起兵夺取了皇位。

据说，朱棣打了4年仗，几乎没打过败仗，一直打到南京夺取了帝位，所以他做了皇上之后，把真武帝加封为"北极""镇天""真武""悬天"和"上地"等，并且在全国各地，包括在他的皇宫里边都修建了大大小小的真武庙。

在德胜门瓮城的真武庙中，奉祀有一位颏下三绺

宋真宗（968～1022），赵恒，宋朝第三位皇帝。1004年，辽入侵，宋朝战胜了辽国，但因宋真宗惧怕辽的势力，便订立了澶渊之盟，每年向辽进贡大量金银。此后，北宋的统治日益坚固，社会经济也极为繁荣，史称"咸平之治"。

壮丽的城楼

■ 德胜门内古建筑

真武大帝 又称玄天上帝、玄武大帝、佑圣真君，全称真武荡魔大帝，为道教神仙中赫赫有名的玉京尊神。真武大帝为龙身，降世为伏羲，是中华的祖龙，也称玄武、玄龙，为盘古之子，曾任第三任天帝，生有炎黄二帝。民间称荡魔天尊。

长髯、披发黑衣、腰佩宝剑、脚踏龟蛇的"真武大帝"神像。相传当时在德胜门瓮城和安定门瓮城建真武庙，是因为人们当时觉得让"真武大帝"看守京城北大门，比关老爷更可靠。

在当时，德胜门的这座真武庙，比多数城门庙宇都大，庙内的正门两侧各有钟、鼓楼一座，还有几间亭阁和道士的住房。

真武庙前的椿树俊秀挺拔，整个环境十分迷人。树丛灌木掩映着"之"字形台阶和瓮城的雉堞。德胜门瓮城内景致秀丽、恬静宜人，是其他瓮城所不能企及的。

古代的城防体系有城墙就必有护城河。北京的护城河有上源，有流向，河水是流动的，是京城水系的重要组成部分。

因为护城河上建有许多闸、坝，以调节水量，控制流速，所以有时护城河水的流速比较大，相应的该段护城河水深面宽，河流的北侧通常还会连着一片大苇塘。

北京北面的护城河从西向东流经德胜门箭楼西侧的松林闸。河水流到箭楼下，冲击粗壮的桥桩，发出巨大的轰鸣声。松林闸下水平如镜，一到台阶，河水如脱缰野马急冲而下，形成德胜门箭楼下一道水景。

那时候，德胜门作为"军门"，守备器械的种类很多，所以城内外兵械商人云集。在后来的德胜门外冰窖口胡同内，曾经还有一个兵器行会所建的弓箭胡同，又称"弓箭会馆"，相传该会馆当时就是专营各类弓箭的。

在明朝嘉靖年间和万历年间，德胜门曾两度大修，其格局规模仍然保持了原貌。1628年，清太宗爱新觉罗·皇太极亲统大军征讨明朝。清太宗一行入洪山口，克遵化城，很快就由蓟州直抵北京，驻营城北土城关之东，直抵德胜门。

清太宗（1592~1643），爱新觉罗·皇太极，清太祖努尔哈赤第八子。于1626年继位后金可汗，改年号为天聪，史称"天聪汗"。他是第一位当大清皇帝的，是他个人权势的升华，也是他父亲努尔哈赤创建后金国以来划时代的飞跃。

蓟州　我国古代行政区划名。唐析幽州置，治渔阳（今天津蓟县）。辖境约为今天津蓟县，河北三河、遵化、兴隆、玉田、大厂等市县和唐山市丰润、丰南区地。金以后西部辖境缩小。明洪武初省渔阳县入州。清不辖县。

德胜门后的护城河

御碑 碑文由皇帝亲自撰写的碑。在我国的碑刻中，规格最高、最尊贵的要数御碑。这些碑往往建有碑亭加以保护，因此，御碑亭成为一道十分重要的景观。

正黄旗 清朝八旗之一，以旗色纯黄而得名，始建于1601年，由皇帝亲自统领。正黄、镶黄和正白旗列为上三旗。兵丁人口最多，至清末，下辖92个整佐领又2个半分佐领，约3万兵丁，总人口约15万。

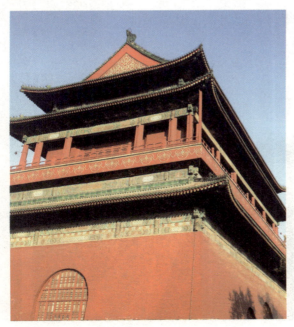

■ 德胜门城楼近侧景

后来，清太宗率诸贝勒围绕北京城探视情况，许多贝勒当即积极请战攻城。但清太宗深思熟虑之后才下诏说，"朕仰承天眷，攻城必克。但所虑者倘失我一二良将，即得百城亦不足喜"。

所以，鉴于北京皇城当时城防的严密，清军打消了立即攻城的念头，移驻南海子，许诺与明王朝议和，并由山海关班师。

1630年，清太宗爱新觉罗·皇太极以为攻打北京城的条件已经相当成熟，便再次率兵前往，岂料他与明军在德胜门经过一番激战后最终败走。

实际上，也有史书记载说，"德胜"两字的意思不是打胜仗的"得胜"，主要是说道德超出别人，表明以德取胜，所以有了这个城门。

在清朝时，德胜门有重兵把守，派章京2员，骁骑校4员，马军200名，由正黄旗管辖。清朝士兵们进德胜门时还要高唱"得胜歌"。传说后来的单弦"八角鼓"就是由当时的"得胜歌"演绎而来。

1679年，北京大地震，德胜门毁坏严重，曾落架重修。在乾隆年间，德胜门曾再度重修，并在瓮城内西侧立了一通"祈雪御制碑"，人称"德胜祈雪"。

此碑在北京的历史上非

常有名，德胜门除去在历史上享有军事要塞的盛誉外，"祈雪御制碑"的碑文因乾隆皇帝亲笔书写，名声大震，更是与京城的其他八门争雄。

1778年，由于大旱，许多地方颗粒无收。这一年末，乾隆皇帝北行祭明陵时，到德胜门处喜逢大雪纷飞，于是龙颜大悦，作御诗立"祈雪"碑碣一通，以谢天公作美，并建有黄顶碑楼。碑之高大，令其他诸门的石刻难以比拟，故人称"德胜祈雪"，或称"御碑亭"。

碑刻《入德胜门作》道：

德胜门旁的御碑亭

春祀还宫内，路经德胜门。
文皇缅高祖，渺已实元孙。
力取权弗取，德尊果是尊。
微尘郊外有，望雨复心存。

此外，碑刻还附有乾隆皇帝关于祈雪诗的部分原注，如"春祀还宫内"原注：

我朝定制二月于朔日坤宁宫大祀，神先期自御园还宫，每年如此。

"望雨复心存"原注：

京师去冬，腊雪优沾，今岁上元前一日，得雪不成分寸。今日途间觉有轻尘，虽土脉尚润，而早已心存望雨矣。

御碑亭为重檐黄色琉璃瓦所覆，做工特别精细。乾隆皇帝御笔碑文，字迹宛然在目。当时，在北京皇城的各城瓮内只有德胜门有石碣，盖也奇异。

高大的"德胜祈雪"御碑亭、矮矮的花墙、浓密的椿树和错落有致的梯子墙，构成了当时德胜门瓮城内的一道靓丽的风景。

另外，"德胜祈雪"碑紧靠当年的"同兴德"煤栈西侧，而当时，"同兴德"因生意日益兴隆，每到逢年过节必带头去"德胜祈雪"碑亭内摆放供品，以谢皇恩浩荡。

所以，"德胜祈雪"碑与"阜成梅花""崇文铁龟""西直水纹"和"朝阳谷穗"等镇门之物誉满京城。往来客商、行旅见此碑无不下马拜阅。

阅读链接

史料记载，"德胜祈雪"碑为清朝时德胜门瓮城内的珍品，当时的乾隆皇帝久旱逢雪，再回忆往昔的峥嵘岁月，禁不住地写了一首祈雪诗，以抒胸中豪情。

在这首祈雪诗中，乾隆皇帝提到了德胜门，但"门"字末笔未带提钩。因当时有大臣说，这个勾属"火"笔，容易招来火灾。

更何况德胜门是清朝军队出入的城门，寓有"得胜"之意。而且，朝廷出兵总希望得胜而归，绝对不能让火烧去"胜兆"，因此，德胜门匾额中的"门"字末笔也是直下无钩。

西安钟鼓楼

西安的钟楼和鼓楼位于西安城中心，是西安城的标志性建筑物，它们遥相呼应，蔚为壮观。西安的鼓楼建立于1380年，钟楼建立于1384年，距今已有600多年历史。

西安鼓楼享有"声闻于天"的美誉，其建制远远超越了明代皇家的礼制。明太祖朱元璋希望其不仅能司辰报时，还能振明朝国威，以慑边寇。

西安钟楼是我国古代遗留下来的众多钟楼中形制最大、保存最完整的一座，其建筑规模、历史价值和艺术价值都居全国同类建筑之冠。

超越皇家规制的西安鼓楼

　　1380年，当明军还在陕西泾阳上与元军鏖战时，明太祖朱元璋就考虑不能一直骑在马上治天下了。经过血与火洗礼的西安城，百废待兴，因而城市建设为当时第一要务。

西安鼓楼

于是，他就派遣了守卫陕西和西安的接管官员开始营建西安城。在西安城的首批建筑里，司辰报时的西安鼓楼也位列其中。

■西安鼓楼近景

古时，鸣钟报晓、击鼓报暮，因此有"晨钟暮鼓"一说。同时，夜间击鼓以报时，"三鼓"，就是"三更"，"五鼓"就是"五更"，一夜共报5次。日落时击鼓起更关闭城门，夜半深更击鼓警戒行人，日出前击鼓亮更开启城门。

在明朝初期，西安城周长11.9千米，面积为8700平方米。所以，要使鼓声能传遍全城，就必须建造高楼，并设置大鼓。

据史料记载，元朝时西安城也曾建有一座高楼，名为"定时楼"，因其楼上设有巨鼓一面，每日击鼓报时，人称"鼓楼"。在元末明清时，"定时楼"被焚于战火。

明朝扩城以后定时楼遗址已不是城市的中心点，

风水　本为相地之术。相传风水的创始人是九天玄女，比较完善的风水学问起源于战国时期。风水的核心思想是人与大自然的和谐，早期的风水主要关乎宫殿、住宅、村落和墓地的选址、座向、建设等方法及原则，原意是选择合适的地方的一门学问。

■ 初春时节的西安鼓楼

但当时传说该地的风水很好，曾经还是唐朝最高行政首府尚书省的玄关，即正门所在。尚书省和六部击鼓司辰，提醒官员上朝退朝。那时候，尚书省放置鼓的楼名为"敬时楼"，位置就在玄关一带。

此外，在元代鼓楼的东侧是奉元路府所在地，到了明朝时期，西安城是明朝的全国军政重镇，而定时楼的遗址东侧正是西安府所在地。虽然钟鼓二楼相依相随自古使然，但靠近衙门的鼓楼自然是要先建了。

所以，明朝于1380年新建鼓楼的地址依然选择在定时楼的遗址之上，也就是现在的西安北院门街南端，鼓楼横跨北院门大街之上。

我国古代自古就有"盛世修史、丰年盖楼"之说。主持修建鼓楼的有明代著名开国将领长兴侯耿炳文、西安知府王宗周等人，据说是在微雨朦胧之中为鼓楼工程奠基的。

选址和设计好后，鼓楼工程开始。一群役夫和雇工，在匠人头头的带领下，开挖奠基，运土廓坑，垒砖搬石，不出数月，长方形的砖砌留有券洞楼基就耸立起来了。

但鼓楼的券洞内和北院门街起初一直都是土路，直至清朝中期，有一晁姓大富户为了做官，捐银两给鼓楼券洞和北院门街路面才铺上了石条。

那时，陕西咸阳古松参天，森林密布。西安鼓楼的梁柱椽板用木，就来自咸阳森林。

木匠们对这些特意选伐的百年、千年巨松，先是刨光溜圆，继而或者浑木使用，或者解剖成段，或者凿卯刻榫，或者雕斗琢拱，然后通过立柱架梁，铺设椽板，勾心斗角，形成了鼓楼的巍峨骨架。最后顶覆筒瓦，内外彩绘，开门辟窗，内置楼梯等，一座巨大稳重、华贵秀美的鼓楼屹立在了西安城里。

整座西安鼓楼呈长方形，不用一铁一钉，全靠榫卯珠联璧合，楼内两层，楼外望去却是三层，为重檐三滴水结构。鼓楼四围回廊上每层正面有明柱10根，

彩绘 又称丹青，最早出现于我国春秋时代，是我国传统建筑上绘制的装饰画。在我国古代建筑上的彩绘主要绘于梁和枋、柱头、窗棂、门扇、雀替、斗拱、墙壁、天花、瓜筒、角梁、椽子和栏杆等建筑木构件上。

■ 西安鼓楼上的大鼓

壮丽的城楼

■装饰华美的西安鼓楼

武周 唐高宗李治的皇后武则天建立的王朝。公元690年，武则天废黜唐睿宗李旦称帝，袭用周朝国号，改国号为周，定都洛阳，改元天授，史称武周。武则天是我国历史上唯一获普遍承认的女皇帝，前后掌实权达40多年。武周仍然袭用唐制，武则天是武周朝唯一的皇帝。

9个间隔。鼓楼歇山屋面上的大片葫芦悬金彩绘尤为少见。

鼓楼的整体构造又称重檐歇山式，与北京天安门、故宫保和殿相类，高度超过了天安门。南京当年的鼓楼更是不如西安鼓楼雄伟。所以，西安鼓楼是我国最大的鼓楼。

鼓楼由地面至楼顶高34米，是古时西安城的高大地标建筑之一。鼓楼因此也成为人们登高远望的佳处。鼓楼的高大形象，还特别深入民心。

传说，有秦、晋、豫3位商人出门在外，为争旅舍热炕睡，各自夸起了本省名物。

晋商说："山西有座应县塔，离天丈七八。"

豫商接着说："河南有座于谷祠，把天摩得'咯擦擦'。"

秦商也吟诵道："陕西有座大鼓楼，半截插在天里头。"

为了表示对西安鼓楼的叹服，晋豫二商一致同意让热炕于秦商。

明朝对建筑等级有严格规定，如朝廷一品官员的厅堂为五间九架；重檐屋顶一般只准在皇宫王府和皇家寺院中使用。如若擅自超越，将会被朝廷视为僭越之罪，处以满门抄斩之刑。

传说明代僧人重建大荐福寺时，苦于物力窘迫，无奈使用了寺庙旧日拆下的黄瓦，朝廷得知后迅即派人来调查，发现是武周朝时大荐福寺故物，并非当代人故意使用，才免予降罪。

按明朝规制，西安鼓楼的建筑严重超越了当时的礼制。但据史料记载，对西安鼓楼的建筑规制如此皇恩浩荡的正是朱元璋本人。

当时，建都南京的朱元璋虽攫取天下，但始终对逃至漠北的元朝軼铊放心不下。所以朱元璋格外开恩，在西安创建了除司辰报时外，更可振明朝国威，以慑边寇的皇家等级的鼓楼。

西安鼓楼建在用青砖砌成的高大的长方形台基之上，其台基东西

西安鼓楼侧面

台基 又称基座，指台的基础。我国古代建筑物中，高出地面的建筑物底座，用以承托建筑物，并使其防潮、防腐，同时可增添我国古建筑高大雄伟的特征。

关中 关中之名始于战国时期，因为西有散关，东有函谷关，南有武关，北有萧关，故取意四关之中，后增东方的潼关和北方的金锁两座关。四方的关隘，再加上陕北高原和秦岭两道天然屏障，使关中成为自古以来的兵家必争之地。

长52.6米，南北宽38米，高7.7米，占地1998平方米，它的面积比钟楼台基大738平方米。在西安鼓楼的台基下，辟有高和宽均为6米的南北向券洞，与西大街和北院门街一线笔直贯通。

鼓楼的主体建筑在台基的中心，分为上下两层楼，为梁架式木质楼阁建筑，面阔七间，进深三间，四周设有回廊。第一层楼身上置腰檐和平座，第二层楼为重檐歇山顶，上覆绿色琉璃瓦。

楼的外檐和平座都装饰有青绿彩绘斗拱，使楼的整体显得层次分明，花团锦簇，浑雄博大。登楼的青砖阶楼设在砖台基两侧，在第一层楼的西侧有木楼梯可登临楼的第二层。楼的结构精巧而稳重，是难得的建筑佳作。

西安鼓楼刚建成时，在其第三檐下曾经悬挂有"文武盛地"和"声闻于天"两块匾额。匾额"文武盛地"悬挂于鼓楼南檐下正中，意境雄阔，吐纳古都千年风云萦绕于笔端。"声闻于天"悬挂于鼓楼北檐下正中，取典于《诗经》中的诗句"鹤鸣九皋，声闻于天"。

明代以及后来的清代，在鼓楼周围的，大多是陕西行省、西安府署的各级衙门，这些衙门办公和四周的居民生活都离不开鼓声，鼓声也成了当时人们最熟悉的悦耳之声了。

传说，当时西安鼓楼上的大鼓高1.8米，鼓面直径2.83米，系用整张优质牛皮蒙制而成；鼓腹直径3.43米，重1.5吨，该鼓声音洪亮、浑厚，重槌之下，10里可闻。

鼓楼修好的一百七十六年后，也就是1556年，关中曾经发生了一场大地震，此后余震持续数月不断。这次地震使西安城很多建筑遭到毁灭性的破坏，但鼓

■ 西安鼓楼的牌匾

巡抚 古时官名，又称"抚台"。我国明清时地方军政大员之一，巡视各地的军政、民政大臣。清代巡抚主管一省军政、民政，以"巡行天下，抚军安民"而名。明巡抚之名，始见于洪武二十四年，即1391年命懿文太子巡抚陕西，系临时差遣。同年始设巡抚。清因明制，在各省设置巡抚。清代巡抚是一省最高军政长官具有处理全省民政、司法、监察及指挥军事大权。

■西安鼓楼侧面远景

楼在这场地震中却没有大的破坏，只有鼓楼上的牌匾受损。

西安震区经明朝于万历年间的大规模重建，多年后才逐渐恢复了元气，而其中就包括重修鼓楼。在鼓楼重修竣工后，明代陕西巡抚都御史赵可怀曾重新书写了鼓楼南额的牌匾"文武盛地"和"声闻于天"。

至清代，康熙、乾隆两朝曾经先后于1699年和1740年，对西安鼓楼进行过大规模的重修。"腐者易以坚，毁者易以完。"

据当年的《重修西安鼓楼记》记载，因为上年陕西小麦丰收，"陇有赢粮，亩有遗秉，民不俟命"，所以出现了"男娶女归，礼兴讼息"的太平景象，于是效法古事，重修鼓楼。

当时，长安县令王瑞具体负责修缮事宜。重修后的鼓楼，面貌崇隆敞丽，灿然一新。登楼远望，闹市风光、秦川景色历历在目。

鼓楼在这次大修时，鼓楼南北檐下正中换上了新的牌匾。"文武盛地"匾额是当时陕西巡抚张楷摹写

乾隆皇帝"御笔"而成；而"声闻于天"匾额为当时的咸宁学士、大儒李允宽所书，字大盈间，苍劲挺拔，画龙点睛地说明了鼓楼的实际意义。

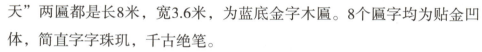

南北两幅苍劲的匾额曾经被誉为两颗"明珠"镶嵌在西安的鼓楼之上，与鼓楼一同饱经风雨的历练。

"文武盛地"和"声闻于天"两匾都是长8米，宽3.6米，为蓝底金字木匾。8个匾字均为贴金凹体，简直字字珠玑，千古绝笔。

后来，由于"声闻于天"匾被毁，只有"文武盛地"匾传了下来。此匾与山海关钟鼓楼的"天下第一关"匾额，一起被誉为我国钟鼓楼的"中国两匾"。

阅读链接

关于西安鼓楼上的"声闻于天"牌匾，民间流传着一个关于"於"字加"点"的传说。

据传说，在武周时期，有一座鼓楼建成后，大臣们恭请皇帝武则天写了"声闻於天"4个字，武则天一挥而就后却没注意到"於"字上少写了一点。

后来，直至武则天有一次路过挂在官门处鼓楼上的匾额时，抬头看见匾额上的"於"字少了一点，于是就询问身边的大臣原因何在，可身边的大臣面面相觑不敢出声。

于是，武则天下令取来大笔一支，蘸上墨，用一弓箭将其射到牌匾上，正好射到缺一"点"的位置，引来群臣欢呼。明朝时，有人在挂匾西安鼓楼时，将"於"字改写成了"于"字。

与鼓楼遥相呼应的西安钟楼

据传说，明王朝定都南京后，其间有一次迁都之议。有大臣主张迁都西安。明太祖朱元璋曾经有些心动，专门派太子朱标赴西安实地勘察，选择宫室基址，并绘制陕西地图进献。

庄重典雅的西安钟楼

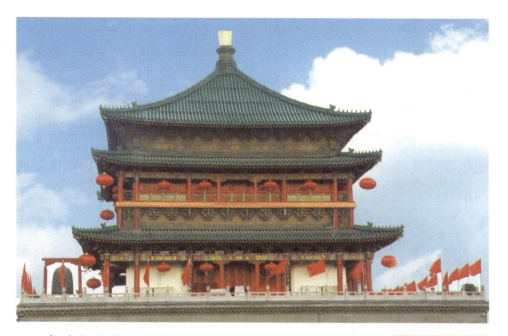

西安钟鼓楼

但奇怪的是，这位太子刚返回南京就一病不起，次年便死了。朱元璋打算迁都西安一事也因此而作罢。

更奇怪的是，朱元璋在南京初登帝位后，关中一带连连发生地震，民间相传城下有条暗河，河里有条蛟龙，蛟龙在翻身，长安在震动。

这话传到了朱元璋耳里，他害怕了，心里总感觉不踏实，于是就想办法要压住它。恰在当时，有个道人术士给他出了个主意，建议朱元璋在西安的城中心修一座钟楼，因为"钟乃天地之音，可镇住蛟龙"。

当时，朱元璋首先想到了当时有"天下第一名钟"之美誉的景云钟，它因铸造于唐代景云年间而得名，最早悬挂于唐代长安城内的景龙观钟楼上。钟高247厘米，腹围486厘米，口径165厘米，重约6吨。

钟形上锐下侈，口为六角弧形。钟纽为"蒲牢"

■ 洋溢着节日气氛的西安钟楼

太子 我国古代帝王的儿子中被定为继承君位的人。太子的政治地位仅次于皇帝本人，有自己的东宫。东宫的官员配置完全仿照朝廷的制度，还拥有一支类似于皇帝禁军的私人卫队"太子诸率"。而皇太子的妻妾也如皇帝的妃嫔一样，有正式的封号，如太子妃、良娣和孺人等。

形，钟身周围铸有纹饰，纹饰自上而下分为3层，每层用蔓草纹带分为6格，共18格。格内分别铸有飞天、翔鹤、走狮、腾龙、朱雀、独角独腿牛等，四角各有4朵祥云，显得生动别致。

在景云钟的钟身正面有铭文一段，18行，每行17字，空格14字，共292字，唐睿宗李旦撰文并书写。文为骈体，内容是宣扬道教教义，阐述景龙观的来历、钟的制作经过以及对钟的赞扬。字体为稍掺篆隶的楷书。

景云钟用铜锡合金铸成。铸造时分为5段，共26块铸模，其铸工技巧娴熟，雕工精致，钟声清晰洪亮，音质优美，显示了唐代冶铸技术的高超水平。

1384年，在朱元璋亲自过问下，一座当时全国最大的西安钟楼很快落成了。同时，景云钟也悬挂到了西安钟楼上。当时的西安钟楼位置在唐长安城的中轴线上，也是五代、宋、元时长安城的中心。

其所在地在西大街以北广济街口的迎祥观，就是现在的西安西大街北广济街口东侧，与明朝4年前所建西安鼓楼遥相对峙，距后来西安

西安钟楼三重檐歇山顶

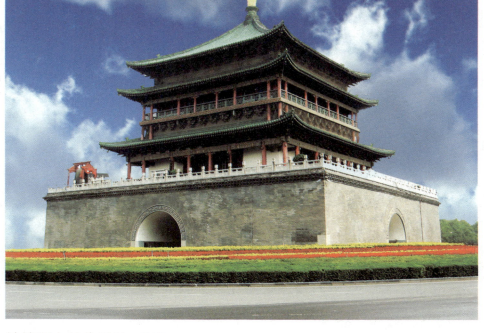

钟楼所在的位置约1千米。

■ 被鲜花环绕的西安钟楼

西安钟楼修好了，"天下第一名钟"也挂了上去。此后，朱元璋又派他的二儿子，著名的秦藩王朱樉镇守西安，西安的社会经济开始持续发展，其民众安居乐业，西安钟楼也终于安定下来了。

但过了两个世纪后，随着西安城中心东移，城门改建，新的东、南、西、北四条大街形成，位于迎祥观的钟楼便日益显得偏离城市中心。

到了1582年，明神宗朱翊钧下令，由陕西巡安御使龚俄贤主持，将西安钟楼整体迁移至后来的西安城中心，西安钟楼从而成为一座缩毂东西、呼应南北的轴心建筑。钟楼呈典型明代建筑艺术风格，重檐斗拱，攒顶高耸，屋檐微翘，华丽庄严。

据碑文记载，移建工程除重新建造基座外，木质

明神宗（1563～1620），即朱翊钧，在位48年，是明朝在位时间最长的皇帝。他10岁即位，由内阁首辅张居正主持万历朝新政，进行变法改革，使得万历年间的前十年，政治清明，经济飞速发展，使走下坡路的明王朝获得了短暂的复苏和繁荣。后期不理朝政，大明渐衰。

■ 富丽堂皇的钟楼
之夜

攒尖顶 我国古代建筑的一种屋顶样式,其特点是屋顶为锥形,没有正脊,顶部集中于一点,即宝顶,该顶常用于亭、榭、阁和塔等建筑。攒尖顶有单檐、重檐之分,按形状分为角式攒尖和圆形攒尖,其中角式攒尖顶有同其角数相同的垂脊,有四角、六角和八角等式样。圆形攒尖则没有垂脊,尖顶由竹节瓦逐渐收小。

结构的楼体全是原样原件,所以耗资不多,工程迅速。

完成这样一座庞大建筑的迁移修建,即使在后来有着高水平迁移技术的情况下,也不是轻而易举的。它既需要高超的建筑安装技术,又需要严密精细的工程组织,这项完成于16世纪的特殊工程,是我国建筑史上极为自豪的一大创举。

后来,在1699年、1740年和1840年时,清朝曾先后对钟楼进行了大范围以及大规模的整修。

钟楼构建于用青砖和白灰砌成的正方形基座之上,全部用青砖砌成,基座之上为两层木结构楼体。钟楼自地面至钟楼的宝顶通高约36米,由基座、楼身和楼顶三部分组成。基座每边长35.5米,高8.6米,建筑面积约1377平方米。基座下有高与宽均为6米的十字形券洞与东南西北四条大街相通,内有楼梯可盘旋而上。

钟楼外部的重檐三滴水攒尖顶式不只是增加建筑形制的美观，而且缓和了雨水顺檐下落时对建筑的冲击力。四角攒尖的楼顶按对角线构筑四条垂脊，从檐角到楼顶逐渐收分，使得金顶稳重庄严。楼上琉璃瓦的板瓦之间扣以筒瓦，以铜质瓦河固定，更使建筑稳固结实，成为浑然一体的建筑艺术珍品。

　　钟楼屋檐四角飞翘，如鸟展翅，由我国各种古典动物走兽图案组成的兽纹在琉璃瓦屋面的衬托下，给人以形式古朴、艺术典雅、色彩华丽、层次分明之美感。

　　钟楼的顶尖部为铜皮包裹木质内心的"金顶"，又称"宝顶"，高处的宝顶在阳光下熠熠闪光，使这座古建筑更散发出金碧辉煌的独特魅力。

　　至于西安钟楼之顶为何要装饰成"金顶"，西安民间流传着一段美丽的传说。

　　据说，在古时的长安，城中心地下不断涌出水来，淹没房屋，冲

西安钟楼攒尖式屋顶

■ 西安钟楼一角

壮丽的城楼

毁道路，大有把长安变成一片汪洋之势。有一天，观音菩萨路经长
安，见此情景，尤为揪心，于是就大发慈悲，托梦给城中的百姓道：

> 有一条孽龙在地下兴风作浪，要把长安变成海，大家只
> 要齐心协力挖开海眼，囚住孽龙，并在上面建一座钟楼将它
> 镇住，方可永保长安城万世长安。

于是，城中的百姓便挥舞镢锨，顺着冒水的地方一直挖下去，终
于挖到了足有10个井口大的海眼，但见一条巨龙正在浪中张牙舞爪，
掀起波涛。

众人经过奋力拼搏，最后将孽龙用钢环铁索紧紧捆绑在一根镇海
铁柱上，再用厚厚的钢板封住海眼，并立即动工在上面修建了一座十
几丈高的钟楼。

可是，正当大家将一个巨大的玻璃做的宝葫芦安放在钟楼顶时，
被捆绑的孽龙突然晃动身躯，钟楼就剧烈地摇动起来，玻璃顶一下子
摔到地上成碎片。钟楼的抖动也越来越厉害，大有倒塌的危险。

就在这危急关头，观音菩萨驾云从南海来到长安上空，把手中的

净瓶倒扣在钟楼上，变成了金光闪闪的宝顶，钟楼顿时纹丝不动，稳如泰山。那条孽龙也从此被镇在西安的钟楼底下，再也不能作恶为害了。

钟楼整体为木质结构，呈典型明代建筑艺术风格，深、广各三间，系"重檐三滴水""四角攒顶"建筑形式。楼分两层，下层为一重屋檐，上层有两重屋檐，四角攒顶覆盖碧色琉璃瓦，各层有斗拱藻井彩绘。

两层楼四角均有明柱回廊、彩枋细窗及雕花门扇，尤其是各层均饰有斗拱、藻井、木刻和彩绘等古典优美的图案，是一座具有浓郁民族特色的宏伟建筑物，也是我国目前能看到的规模最大、保存最完整的钟楼。

由钟楼北侧台阶而上，一层大厅天顶有"万道霞

藻井　我国传统建筑中室内顶棚的独特装饰部分。一般做成向上隆起的井状，有方形、多边形或圆形凹面，周围饰以各种花藻井纹、雕刻和彩绘。多用在宫殿、寺庙中的宝座、佛坛上方最重要部位。

■ 阳光下的西安钟楼

光"的圆形彩绘图案以及四周相伴的由184块四季花卉组成的彩绘天花，鲜亮艳丽、栩栩如生。

在一层大厅的西墙上，曾经镶嵌着两通碑，一通是1740年大修后由陕西巡抚张楷书写的《重修西安钟楼记》碑；另一通是由陕西巡抚龚懋贤在钟楼东迁后亲笔题写的《钟楼东迁歌》碑。

这两方碑记述了西安钟楼这一巨大建筑曾经所经历过的一次令人难以置信的整体迁移。

西安钟楼的门扇槅窗雕楼精美繁复，表现出明清时期盛行的装饰艺术。每一层的门扇上均有8幅浮雕，每一幅浮雕均蕴含了一个有趣的古代典故。

据传说，西安钟楼迁到新址之后，虽然钟楼的式样大小并没有发生改变，但景云钟却怎么也敲不响了。无可奈何，钟楼只好更换了一口铸造于明成化年间的巨钟，重约5吨，钟边铸有八卦图案。

阅读链接

传说，从前，关中八百里秦川是一望无边的泽国，西安就湮没在这大海之中，海水不是河流汇聚而成的，是从钟楼位置的泉眼里涌出的。

海里有只数丈长的巨型乌龟整天在闹腾，只要它一动就会有翻山蹈海的巨浪，半坡先民依山傍水而居，他们的居处屡遭水淹。

为了保一方平安，也为了自己的居所不再有水患，先民们就请来神仙工匠，修建了一座钟楼盖住了涌海水的泉眼，为了不让这乌龟兴风作浪，专门求神仙用锁心链把它锁住，使它在泉眼里长眠不醒，将它的巨大身躯当做堵水栓，使海水不会冲出，关中这海底平原才得以渐渐露出容颜。

南京钟鼓楼

南京钟鼓楼位于南京城的中轴线上，是融合南京历史、文化和自然景观的城市中心标志。

南京钟鼓楼始建于1382年。南京钟楼声音清亮悠扬，鼓楼声音振聋发聩，响彻百里。钟鼓楼用于昼夜报时、迎王、选妃及接诏等大庆典，堪称明代首都之象征。

南京鼓楼规模宏大、气势雄伟。南京钟楼位于鼓楼的西侧，精巧别致，规模较小。它的钟亭与大钟又名"古亭晨钟"，曾经被誉为"金陵四十景"之一。

明朝初期始建南京钟鼓楼

南京是明朝的开国之都，在明初的50多年间，经济、文化发展都很快，为全国最大的城市。

早在大明建立前的1365年，吴王朱元璋就在南京设太史监，专门

■ 南京鼓楼正面近景图

观天象。而古代的观天象与国家政治紧密关联，所以太史监地位非常高。明太史监首任太史令，就是朱元璋身边著名的谋臣，上知天文、下知地理的刘伯温。

次年，开始建造南京城墙。据史书记载，明城墙由明太祖朱元璋亲自参与设计，而刘伯温正是城建规划的总设计师。

明朝时的南京城墙，是当时世界上最高大的城墙。南京城墙有内十三，外十八之说：内有13座城门，外有18座城门。又在13座城门的中心地带建造了高大的鼓楼和钟楼。

两楼一高一矮，飞檐秀阁，翼如焕如，像两颗明珠镶嵌在古都中轴线上。民间统称南京钟楼与鼓楼为"南京钟鼓楼"。

南京钟鼓楼位于南京城西北—东南走向中轴线的一处山冈上，就是现在的南京鼓楼岗。在方位上是斜的，蔚为壮观。

我国古有"晨钟暮鼓"之说，"鼓楼之设，必于中城，四达之衢所"，钟声清亮悠扬，鼓声振聋发聩，响彻百里。堪称明朝都城的象征。

■ 南京鼓楼

刘伯温（1311～1375），即刘基，元末明初杰出的军事家、政治家及文学家，通经史、晓天文、精兵法。他以辅佐明太祖朱元璋完成帝业、开创大明江山而驰名天下，被后人比作"诸葛武侯"。在文学史上，刘基与宋濂、高启并称"明初诗文三大家"。

壮丽的城楼

南雍志 明朝国子监专志，由明代进士、南京国子祭酒吴节、黄佐负责编撰，刊印于1544年，共24卷。后历朝增订，黄儒炳又于1626年撰《续南雍志》，分事纪4卷、职官表2卷、杂考12卷、列传6卷。体例仿《史记》之纪、表、志和传，而略有不同。

据《南雍志》记载，为有效利用时间，早在1381年，朱元璋就曾亲自参与制定城市布局，定下于1382年在南京城中建鼓楼的决策，所谓"左列鼓架，右建鼓楼"。

朱元璋还下令统一漏刻制度，统一使用年、月、日、时、刻，在全国实行统一的标准时间。鼓楼和当时同建的钟楼统称"南京钟鼓楼"，两楼"有事报警，无事报时"。

南京鼓楼建于海拔40米的鼓楼岗上，鼓楼高30米，占地面积9100平方米，历来就是南京的标志性建筑之一。

鼓楼由台座与主楼构成。主楼为上下两层，规模宏大，气势雄伟。鼓楼的台座为砖石砌筑的拱形无梁城阙状，东西长44.4米，南北宽22.60米，高达9米，

■ 钟鼓楼内景

红墙巍峙，飞檐迎风。

在台座的东西两端各筑青石台梯40级，直达平台之上。在梯孔之上，建有歇山顶梯宇一座，以防雨水下注台梯，台座横向正中和偏前各开漏窗两口，以供巷道、台梯通风采光。

主楼即矗立于高大的平台之上。在主楼下层的平台上悬挂有一口"太平大钟"，钟上镌刻有"吉祥""如意"字样。一层门楼上有一块"鼓楼览胜"的匾额，两侧有一副对联：

闹市藏幽，于无声处闻鼙鼓；
高台览胜，乘有兴时瞰金陵。

南北两面各有拱门贯穿前后，中门券高6.5米，宽6.35米；左右二门各券高5.28米，宽4.70米。两边拱门

■ 钟鼓楼

漏窗 俗称花墙头、花墙洞、漏花窗、花窗，一种满格的装饰性透空窗，外观为不封闭的空窗，窗洞内装饰着各种漏空图案，透过漏窗可隐约看到窗外景物。为了便于观看窗外景色，漏窗高度多与人眼视线相平，下框离地面一般约在1.3米左右。也有专为采光、通风和装饰用的漏窗，离地面较高。

康茂才（1313~
1370），人称
"茂才公"，为
人知书达理，孝
顺豪爽，名闻乡
里。因其作战勇
猛善谋，屡屡获
胜，元朝廷曾授
予他淮西宣慰
使、都元帅等
职。后率部起
义，追随明太祖
朱元璋，屡立
战功。1370年，
他率部进攻陕西
汉中时受伤，在
还军归途中病
故。朱元璋亲往
祭奠，追封他为
"蕲国公"。

内又各有二藏兵洞，能驻百人，当时御鼓官率兵居此镇守。中间有券门三道，贯通前后，上有"畅观阁"题额。

主楼上层与下层等大，分为中殿与东西两殿，滴水直落台座之外。重檐四坡顶，龙飞凤舞，雕梁画栋，十分壮观。

其楼上原为明朝迎王迎妃、接诏报时之所，设有报时和仪仗用的大鼓两面，小鼓24面，云板一面，点钟一只，牙杖4根，铜壶滴漏一架和三眼画角24板以及其他乐器等。

史料记载，鼓楼定更所用之鼓共25面，一面主鼓，24面群鼓，这是依据我国农事的24节令而设置。

南京钟楼建于1382年，位于南京鼓楼的西侧，精巧别致，规模较小，为重檐六角攒尖顶，灰筒瓦屋面，高14.5米，以六根铁柱支撑，上架六角交叉铁梁，用以悬挂大钟。

■ 南京大钟亭

铁柱钟亭由"金陵机器局"制造。柱上铸有铭文。大钟亭与鼓楼成掎角之势，处市中心，一钟一鼓，晨钟暮鼓，适得其所。

我国古代都城都置有钟楼、鼓楼。原来，在南京钟楼旁有个铸钟厂，曾先后于1388年、1392年铸造了两口紫铜巨钟悬挂于大钟亭内。

其中一口钟高3.65

■ 南京大钟亭

米，口径2.3米，底边厚0.17米，重2.3万千克，造型精美，古色古香，钟顶铸阳纹莲瓣一周，钟体上的字迹、花纹都十分清晰精致，上铸铭文"洪武二十一年九月吉日铸"，其声音洪亮，数里可闻，是南京当时最大的一口铜钟。

传说，朱元璋当年攻打南京集庆时，连攻数日都未成功，于是他便将牛首山宏觉寺中2.3万千克重的青铜钟熔铸成一批大炮，并许愿日后打下江山定将重铸一口同样的铜钟还于寺中。

朱元璋在南京建都后，命八大王之一的蕲国公康茂才铸造大钟，且对钟的规格、花纹、重量都有严格规定，要求钟的顶部铸阳纹莲瓣一周，提梁上饰以云纹和波浪纹，用紫铜浇铸，而且钟声要能响彻百里。

阳纹 就是太阳纹，形似太阳，居于鼓面中心，是铜鼓中最早出现和最基本的纹饰，几乎在每个铜鼓上都有。传说是对太阳的崇拜和信仰。也有认为是，鼓面中心突起的太阳纹，是敲击的主要部位，突出厚实，声音易传，有利于在重槌之下，防止塌陷。

康茂才想尽办法，也很难如期完成，于是工期一再拖延，最终惹怒了朱元璋，限其三日内一定要铸成，否则将有杀身之祸。

圣旨一下，康茂才左右为难，他的忧愁被三个女儿得知，她们不愿见到父亲和众多工匠身首异处的悲剧，于是就借鉴春秋时期莫邪以身祭剑的做法，在限期临近时，义无反顾地纵身跃入冶炼炉，溶入铜液，一瞬间，冶炼炉内青烟骤起，直上九霄，大钟也因此一举铸成。

三个孝女舍身救父，世人深受感动，人们建祠立像纪念她们的孝心和献身精神，建了三姑庙，内设神钟楼，以怀念她们的孝义和献身精神。为此，后人有把此钟称神钟，并于此建三姑庙，以祀之，门旁对联道：

三妹孝义垂青史；
千斛铿钟声白门。

阅读链接

在明朝洪武年间时，南京鼓楼堪称是明朝都城的象征，而自当时流传下来的几首歌谣，则更好地诠释了古都南京"暮鼓晨钟"的传说。

当初没有钟表计时，南京鼓楼每天按更击鼓，以催促文武官员勤于政务，提醒百姓勤于劳作，因而有歌谣："警钟一敲震官心，不懒不贪勤为民。衙门高悬如明镜，大公无私不讲情。""洪武鼓楼有报时，暮鼓晨钟声声至。震醒官员为民思，催得百姓莫起迟。"

明朝实行宵禁，百姓按钟鼓声作息，所以有歌谣说："黄昏竖耳听鼓声，十三快马朝外奔。莫等关了大城门，妻儿老小不见人。""鼓楼城门八丈高，楼顶钟声紧紧敲。家里米缸快空了，不许老爹睡懒觉。"

清朝时期重建南京钟鼓楼

　　明朝末年，南京鼓楼只留下了城砖砌成的台基，而主楼的上下层都被摧毁，明初楼宇和器物早已无存，仅下部的台座和台坪上的石柱基础留存了下来。

　　此后至清康熙朝以前的江宁城市地图上，不但明确地标注了鼓楼的位置，而且还都清楚地画出了钟楼的位置。

　　1684年，清康熙皇帝为治理黄河、了解民情、整顿吏制到南京巡

■ 南京鼓楼的匾额

■ 南京鼓楼内的神龟

柱础 俗称磉盘，
或柱础石，我国
古代建筑构件的
一种，它是承受
屋柱压力的奠基
石，凡是木架结
构的房屋，可谓
柱柱皆有，缺一
不可。古人为使
落地屋柱不潮湿
腐烂，在柱脚上
添上一块石墩，
使柱脚与地坪隔
离，起到防潮作
用，同时，这石
墩又加强柱基的
承压力。

视时，曾登临鼓楼城阙，他放眼鸟瞰南京古城，一时感慨万千，于是就在楼上训示地方官员，告诫他们要清廉职守，奉公守法，惩治腐败。

次年，两江总督王新就命人在此建碑，将康熙皇帝的"圣谕"刻成了"圣谕碑"，也称"戒碑"，碑高两丈余，承以龟趺。立于鼓楼台基座的正中。

为保护圣谕碑，清朝当时重建了一座三开间的木制鼓楼，规模比明代的鼓楼要小得多，也简陋得多。

这次鼓楼重建，除了御碑，还有龙凤亭，鼓楼也由此更名为"碑楼"或"畅观楼"，同时它还有"诚碑楼"与"碑亭"的别称，有"明鼓清碑"之美称。但当时的南京民众仍然习惯性地称之为"鼓楼"，"戒碑"则是南京遗存下来的最完好的一座古代石碑。

后来，康熙皇帝曾下令扩建南京钟鼓楼楼宇，三层总面积约在1.5万平方米。在清乾隆年间，乾隆皇帝曾经7次下江南，其中3次都专程到大钟亭，并亲自提笔御书"三姑殿"3个大字匾额，命人悬挂于大钟亭内的门头上。

在晚清时，清朝维修改建南京钟鼓楼，改建的鼓楼中为大殿，周边有柱础回廊。大殿为两层，屋顶为歇山顶重檐四落水木结构。重檐翘角下雕有凤立于花丛山石上、双狮戏球等吉祥物和套叠彩绘图案。

在鼓楼的顶层上，有一座摆放在玻璃罩中的龙凤塔，是清慈禧太后60岁大寿时，地方官员所送礼物。

"龙凤塔"又称"龙凤亭"，安放在康熙南巡"戒碑"两边的一对龙凤亭，交相辉映，古朴典雅，。龙凤亭高4米、圆周长3.5米，外观呈塔形。龙凤亭为六角七级二层结构，外镀金箔，金光熠熠。

龙凤亭各级都有极精细雕刻的人物或植物、动物画，金光闪烁。从下至上有人物，皆为武士出征，三国故事人物等；有花鸟，葵花、天竹、青松、芭蕉、万年青等。二层隔离刻有六大骑士，六根亭支架上，凤上龙下，六龙抱柱，六凤呈祥；亭子上部由飞鹤、荷花盖顶。整个龙凤亭，呈现出一幅幅优美图画，造

龟趺 指碑的龟形底座。龟趺又名赑屃、霸下，传说霸下在上古时期常驮着三山五岳，在江河湖海里兴风作浪。后来大禹治水时收服了它，并搬来顶天立地的巨大石碑，上面刻上霸下治水的功绩，叫霸下驮着，沉重的石碑压得它不能随便行走。

■ 鼓楼内的匾额

■ 南京鼓楼公园牌楼

型紧凑协调，生动精美，其雕刻工艺极为精湛，为世人所称赞，具有极高的观赏价值。

　　清光绪年间，清朝在南京鼓楼东北侧新建了铁梁铁柱的六角大钟亭，在清初坠落的大钟，被江宁布政使许振祎悬挂在了大钟亭内。传说，自大钟悬挂到钟亭梁上之后，声音更加洪亮了。钟鼓楼积淀了厚重的历史文化。在南京钟鼓楼内，就有一副久负盛名的对联：

　　　　钟鼓楼中，终夜钟声撞不断；
　　　　金科场内，今日金榜才题名。

阅读链接

　　据史书《洪武京城图志·楼馆》记"鼓楼在今北城兵马司东南，俗名为黄泥岗。钟楼在鼓楼西。"在《洪武京城图志·楼馆》所附"楼馆图"和"官署图"中，钟楼分上下两层，下层作城阙状。与鼓楼底设三门洞不同的是，钟楼底层仅有一个相贯通的门洞，其上为木结构楼阁。

　　又据史书《明一统志》称"钟楼在府中云霁街西，鼓楼在云霁街东"，而《同治上江两县志》称"二县城内图"中钟楼则在鼓楼略偏西南方向。

　　上述记载中，钟楼具体位置虽有详略之别，但位于鼓楼之西却是一致的。